I0707337

SANTIAGO
Storie quotidiane dall'isola di Cuba

FRANCESCO CURCIO

a Damaris

*"Non ci vuole niente a scrivere.
Tutto ciò che devi fare è sederti
alla macchina da scrivere e sanguinare."*

Ernest Hemingway

CONTENUTI

INTRODUZIONE

Un paio di anni fa fui assalito dall'insano desiderio di correre la Maratona di Roma. Non ho mai avuto particolari doti atletiche né costanza negli allenamenti e pur facendo parte da tre anni della locale associazione podistica le mie partecipazioni si erano limitate alle classiche gare di dieci chilometri e qualche volta alle mezze maratone, concluse sempre con grande affanno e in tempi biblici. Studiai una tabella per concluderla in cinque ore e trascorsi i mesi invernali ad allungare sempre più le distanze dei miei allenamenti fino a spingermi da Salerno una volta ad Amalfi e un'altra a Pompei, da dove poi rientrai con i mezzi pubblici. Andai a Roma e corsi la Maratona, e arrivai alla fine sfiorando di un paio di minuti il tempo stabilito, superiore di più del doppio al tempo del vincitore ma ancora oggi sono orgoglioso del mio certificato di finisher e la medaglia fa bella mostra di sé nel mio studio tra la laurea e il diploma di abilitazione alla professione.

L'esperienza di scrivere questo libro è in qualche modo analoga, ma più intensa, nel senso che c'è voluto molto maggiore impegno ma la soddisfazione di averlo portato a termine è la stessa.

Scrivere di Cuba è difficile, un Paese affascinante quanto incomprensibile, complicato da capire prima ancora di descrivere. Questo libro non ha la pretesa di spiegarne la storia o la situazione politica ed economica attuale, offre solo uno spaccato della vita reale dal quale è possibile trarre delle riflessioni valide anche nella nostra società.

Un libro dovrebbe servire a chi lo legge, non a chi lo scrive. Io spero che troviate la sua lettura piacevole almeno la metà di quanto a me è piaciuto scriverlo.

Quasi tutti i libri che ho letto sono dedicati a un misterioso nome di donna e anch'io non voglio venir meno a questa consuetudine. Questo libro è dedicato a Damaris, se non l'avessi mai incontrata per caso nel cammino della mia vita, non sarebbe mai stato scritto.

1 AEROPUERTO

Primo giorno a Santiago e alle sei di mattina sono già sveglio. Dopo un viaggio di ventiquattro ore e due notti insonni avrei voluto dormire un giorno intero ma il fuso orario è così, quando viaggi verso ovest ti ambienti subito, al ritorno invece ci vorrà qualche giorno.

Dicono che nella vita devi fare tre cose: piantare un albero, avere un figlio, scrivere un libro. Le prime due le ho già fatte, per la terza ci sto provando. Non so quante volte ho pensato di scrivere, quante volte ho iniziato, quasi sempre durante un viaggio, su un quaderno, su una Moleskine, su un pc, oggi ci riprovo, se state leggendo sarà stata la volta buona.

Alle sette fa già caldo e dopo un paio di caffè decido senza pensarci due volte di andare a correre.

Da qualche anno ormai la corsa è il mio tempo libero e quando sei a Cuba in visita alla famiglia di tempo libero ne hai in abbondanza. Il mio percorso è quasi sempre lo stesso: da *Sueño* scendo per *Martì* fino al *Ferrocarìl*, attraverso tutta *l'Alameda* e salgo per *La Loma de Trocha* fino al *Dieciocho Planta*. Sono un sette chilometri di saliscendi tra il fumo dei camion e delle motociclette misto all'afa in una cappa che ti toglie il fiato. Il rumore del traffico è assordante e a ogni colpo di acceleratore sale una nuvola nera che avvolge tutto, altro che euroquattro ed eurocinque, qui hai l'esatta percezione dell'inquinamento atmosferico da gas di scarico e di come in un Paese sottosviluppato siano ben altre le priorità rispetto alla protezione dell'ambiente.

Mi sento un po' in colpa, sono l'unico che corre per piacere in una metropoli piena di gente stanca che invece si sposta per bisogno da un capo all'altro della città alla disperata ricerca di beni di prima necessità.

Le poche volte in cui ho optato per una corsetta serale sono stato allo stadio *Antonio Maceio*, a un paio d'isolati da casa, dove gioca e si allena la locale squadra di calcio. Al complesso sportivo si accede liberamente. La struttura mostra i segni del tempo e del *bloqueo*, quasi tutto in rovina per mancanza di manutenzione. La piscina olimpionica è vuota e i campi di basket e pallavolo dissestati. Le uniche attrezzature fruibili sono delle macchine per body building all'aperto in cui è possibile eseguire un percorso di allenamento completo. Per accedere al rettangolo di gioco la cosa si fa un po' più complicata. La custode annoiata seduta a un banchetto all'ombra della tribuna deve prima chiedere alla sua responsabile che a sua volta chiederà all'allenatore della squadra di calcio che alla fine autorizzerà l'inusuale richiesta di uno straniero che vuole fare qualche giro di campo. Questo però solo la prima volta, nelle occasioni successive è bastato uno sguardo d'intesa tra la responsabile di turno e la custode che ormai mi conosce e la tranquillizza dicendole *"el siempre corre"*. Ormai sono ufficialmente autorizzato a entrare nel rettangolo verde e a correre *a la orilla* ossia a bordo campo.

Fare i giri di campo però è abbastanza alienante per cui quando riesco a svegliarmi presto preferisco di gran lunga correre al mattino per strada il che mi dà anche l'opportunità di cogliere aspetti sempre nuovi della città e della gente che mi ospitano, l'unico problema è solo dover anticipare il solleone.

Al ritorno mi aspetta la mia tradizionale colazione a base di frutta tropicale, oggi è un mango profumato e dolcissimo, niente a che vedere con quelli insapori e inodori che mangiamo in Italia. Il tempo di fare una doccia e di vestirmi e sono già sudato, Santiago è così, non si vive, si sopravvive in una lotta continua contro il caldo.

Alle undici verrà Renato con il *carro* per portarmi all'aeroporto, ieri sera nel trambusto dell'arrivo dopo l'ennesimo controllo, tra valigie, trolley e zainetti ho dimenticato di ritirare il passeggino che abbiamo dovuto imbarcare in stiva e che all'arrivo non trovi sul nastro bagagli ma in un apposito stanzino, oggi mi tocca andare a cercare di recuperarlo. In Italia ormai non lo usiamo quasi più, non mi sono mai piaciuti i bambini di tre o quattro anni con le gambe penzoloni stesi in un passeggino più per pigrizia dei genitori che propria, ma qui è indispensabile, senza un'auto e con il caldo che fa è impensabile spostarsi con Maria Chiara in braccio. È stato utile anche alla partenza da Fiumicino per compiere tutta la liturgia che precede il viaggio vero e proprio mentre all'arrivo non mi sono accorto della sua mancanza perché ad attenderci all'uscita c'è sempre una delegazione del *familiòn* e la prima cosa che fanno è porgermi una tazza di caffè dal thermos e prendere in braccio mia figlia.

Mentre aspetto Renato fumando nel *portàl* sento in lontananza la voce di un venditore ambulante di frutta, è la prima volta che veniamo a Santiago dopo la morte di Roberto ed era lui che si preoccupava ogni mattina di reperirmi la frutta migliore, ora tocca a me. Ho solo venti pesos in *moneda nacionàl*, meno di un euro, ma so che basteranno, a volte uscivo con lui alla ricerca della *comida* e sono diventato pratico dei prezzi. L'uomo col carrettino sta salendo per *calle A*, lo raggiungo e do un'occhiata. Oggi vende banane, *aguacate* e *quimbombò*, compro cinque banane ed un avocado per dieci pesos. Le porto a casa soddisfatto come un cacciatore con il suo trofeo, essere capace di comprare cose per *la calle* senza essere *estafado* è quello che distingue un viaggiatore da un turista.

Nel frattempo arriva Renato e andiamo all'aeroporto. Renato è in realtà un tecnico di radiologia ma tra un turno e l'altro trova il tempo di fare qualche corsa a pagamento con una vecchia auto degli anni Ottanta. A volte si presenta con indosso ancora il camice di lavoro corto sui fianchi come una sahariana e le penne nel taschino.

Quella delle auto è forse la prima stranezza che balza agli occhi di uno straniero in visita a Cuba, la prima di una lunga serie di cose che al principio ti sembrano assurde e poi ti ci abitui e non ci fai neanche più caso.

Il commercio di vetture nuove è stato vietato per oltre cinquanta anni a partire dalla rivoluzione cubana del 1959 con il risultato che le uniche auto circolanti sono rimaste quelle dell'epoca ossia le auto americane che circolavano sull'isola prima della caduta del regime del dittatore Fulgencio Batista, trasformando di fatto le strade dell'isola in una sorta di museo a cielo aperto in cui è possibile ammirare questi vecchi macchinoni americani degli anni Cinquanta, per lo più Cadillac, Chevrolet e Pontiac. Negli anni Settanta era stata anche permessa l'importazione di macchine dall'Unione Sovietica, come le Lada, le Volga o le Moscovich che, però, potevano essere acquistate solo da alcune categorie privilegiate (artisti, sportivi, medici o ingegneri) e non potevano essere né cedute, né donate. Solo nel 2011 con una delle trecento misure che il governo adottò per arginare la crisi economica venne liberalizzato il commercio di autovetture nuove, almeno sulla carta, visto che nella realtà a potersele permettere sono veramente in pochi. Di fatto un'auto di proprietà ce l'ha quasi nessuno e quei pochi che in una maniera o nell'altra ci sono riusciti non disdegnano di arrotondare il modesto salario con qualche viaggio retribuito.

Sarà che il primo impatto con il caldo cubano avviene all'uscita dall'aereo ma anche arrivandoci in auto ho l'impressione che l'aeroporto sia il posto più caldo di tutta Santiago. La porta a vetri degli arrivi è chiusa, si apre automaticamente solo dall'interno e i vetri oscurati dalla vernice per non far entrare i raggi solari non ci permettono di sbirciare all'interno né di essere visti, ci tocca aspettare che esca qualcuno per farci vedere da un doganiere ed esporre il nostro problema. In un continuo rimbalzo di competenze, la terza o quarta persona è quella giusta, ci dice di attendere fino all'uscita degli ultimi viaggiatori in arrivo con il volo da Miami dopodiché potrà dedicarsi a noi.

L'aereo è arrivato da oltre un'ora e siamo alle ultime uscite, ci vorrà poco, almeno così speravo ma non sarà così, dimenticavo che a Cuba ogni cosa *no es fàcil*. In un'ora escono non più di quattro o cinque persone, una vecchia sulla sedia a rotelle, una *gorda* esuberante con un cappello a falde larghe che appena fuori comincia a cantare:

Yo no tengo perro ni gato,

yo me voy per donde quiera,

yo soy soltera

un televisore di sessantacinque pollici che fanno fatica a far entrare in una *camioneta* a passo lungo, un panzone ingioiellato con un cappello da baseball e la maglietta di una squadra sportiva sul punto di scoppiare che viene accolto dai familiari con lattine di birra *Crystàl*. Entrano ed escono di continuo una miriade di doganieri nelle loro divise color cachi, le ragazze con minigonna e calze a rete.

Al principio ti meravigli di vedere cameriere, commesse e poliziotte in calze a rete a qualsiasi ora del giorno e della notte ma poi non ci fai più caso. Con l'obbligo di indossare le calze e con il caldo che fa le calze a rete sono le uniche possibili e oltre tutto con i loro improbabili ricami a fantasia permettono di aggiungere un po' di femminilità al grigiore della divisa statale. Le minigonne sono vertiginose ma sotto indossano un pantaloncino da ciclista, qui passano dalla disinibizione al pudore in un attimo.

Del nostro uomo nessuna traccia, lo cercano in tanti ma *no aparece*, sarà a pranzo, o nel suo ufficio, o a pranzo nel suo ufficio. La porta è chiusa a chiave, al telefono nessuna risposta, sono quasi due ore che siamo arrivati e finalmente sembra che abbiano preso a cuore il nostro caso. Ormai lo cercano tutti, interviene il doganiere più anziano, un distinto signore sulla sessantina dalla pelle nera e i pochi capelli bianchi.

A Cuba le persone più educate e rispettose sono gli anziani, modesti e orgogliosi nelle loro stinte uniformi sono quelli che hanno creduto nella *revoluciòn* e storcono il naso di fronte all'arroganza e alla *falta de respeto* delle nuove generazioni. Mi ricordano nonno Ciccio, il cancelliere, che aveva creduto nel fascismo e nella monarchia, era stato in

Libia quando l'Italia reclamava un posto al sole per poi invecchiare disgustato in un'Italietta tradita dalla corruzione e dal malaffare.

L'intervento del doganiere anziano è provvidenziale, all'improvviso compare il nostro uomo dipendente dell'*aviaciòn* in pantalone blu e camicia bianca, un ragazzo sulla trentina di cognome Exposito. Sembrerebbe strano trovare un cubano di cognome Exposito, ma qui niente è strano, del resto si chiama così anche il responsabile provinciale del partito, la massima autorità locale. Si scusa dicendomi che era andato a pranzo dovendo approfittare dello spacco tra un arrivo e l'altro, la verità è che il pranzo lo aveva consumato nel suo ufficio barricato a chiave dove poi era rimasto a oziare dimenticandosi del tutto del nostro problema, ma facciamo finta di niente.

Finalmente mi fa entrare nella zona arrivi ormai deserta, unico civile tra una ventina di doganieri. Mi fanno passare il borsello al metal detector, io no, addosso avrei potuto avere di tutto. In uno stanzino con l'aria condizionata a diciotto gradi dietro un piccolo ufficio scorgo un paio di valigie ed il mio passeggino. C'è ancora da compilare un paio di formulari, pesare il passeggino, chissà mai perché, consegnare il foglio al doganiere e finalmente posso uscire all'esterno ripiombando nel caldo infernale. In fondo era facile sarebbero bastati cinque minuti mentre ci sono volute due ore, ma facile e Cuba non possono stare nella stessa frase.

Nel parcheggio Renato mi aspetta con il suo Moscovich per portarmi a casa, è l'ora dell'*almuerzo* e qui la *comida* è una cosa seria. Il pranzo di oggi è *arròz blanco, papa frita, aguacate e pierna ahumada*, il tutto con una *Hatuey* ghiacciata e un ventilatore da tavolo puntato in fronte.

Il ventilatore sarà il mio fedele compagno di viaggio per tutta la durata della permanenza a Santiago, a tavola a mangiare o in sala a guardare qualcosa in tv ne avrò sempre uno a mia disposizione, finanche all'esterno nel *portàl* dove di solito mi siedo a leggere, in camera da letto no, lì abbiamo direttamente l'aria condizionata. Non sono uno che soffre particolarmente il caldo né un amante dell'aria condizionata e farei pure a meno del ventilatore per cui a volte evito di accenderlo ma il primo dei parenti che si trova nelle vicinanze si precipita ad accenderlo, ad avvicinarmelo e a puntarlo verso di me, è solo una delle tante attenzioni che in casa mi vengono riservate in forma di rispetto, al principio come ospite straniero, oggi come componente "importante" della famiglia. Anche in camera da letto tengo sempre l'aria al minimo indispensabile ma se qualcuno passa di là per rifarmi il letto o ripormi qualcosa di pulito nell'armadio si preoccupa di aumentare la potenza per farmi trovare un clima siberiano che mi costringerà a dormire in pigiama e con le lenzuola tirate su fino al naso.

In tutte le sue varianti, da soffitto, da tavolo, da terra, a parete, il ventilatore è di gran lunga il piccolo elettrodomestico più diffuso sull'isola, in ogni casa ce ne saranno almeno quattro o cinque, le coppie ne hanno uno ciascuno sul rispettivo comodino. Con una tale diffusione e importanza non stupisce che vi sia anche la figura del tecnico specializzato, un uomo che viene a domicilio con il suo armamentario di cacciavite, stracci vecchi e bottigliette di plastica con strani intrugli che ne revisiona, smonta, pulisce, lubrifica tutti i singoli componenti seduto su uno sgabellino in un angolo della casa a volte anche per mezza giornata.

Dopo il caffè mi fiondo sul *balance* nell'intenzione di guardare Serbia-Svizzera ma non ho fatto i conti con Reina e con la sua *novela* che mi farà perdere il primo tempo della partita. Non è la solita telenovela cubana o di importazione brasiliana, quella in voga quest'anno è giapponese, peraltro la replica di una serie già trasmessa negli anni Novanta. Oshin è un'anziana signora di ottantatré anni che all'improvviso si allontana da casa e prende un treno che la riporterà sui luoghi della sua infanzia, dando così inizio ad un viaggio nella memoria fino al Giappone dei primi anni del Novecento segnato da una profonda povertà che portò la sua famiglia a venderla all'età di sette anni per un sacco di riso. Tutta una vita dipanata in duecentonovantasette episodi, fortuna che durano solo quindici minuti ciascuno ma ne danno due alla volta così per il secondo tempo della partita prendo possesso del campo di battaglia.

Liaijc non gioca titolare ma entra nella ripresa senza lasciare il segno, vincerà la Svizzera con un gol nel finale di Shaquiri, uno col fisico da culturista che fu meteora anche nell'Inter di Mancini.

Mi piace guardare le partite all'estero, mi fa sentire più vicino mio padre dal quale ho ereditato la passione per lo sport e per i viaggi. I suoi viaggi all'estero erano sempre a tema sportivo passando da una partita della Nazionale o della sua squadra del cuore in Europa ad un Gran Premio di Formula Uno dall'altra parte del mondo. Papà è stato un padre all'antica, sempre presente e sempre distante, puntuale e meticoloso come un orologio svizzero, flemmatico come un lord inglese. Impiegato statale e con una moglie casalinga, il suo compito era quello di lavorare per non farci mai mancare niente.

Del resto a quei tempi i genitori erano così, non ti portavano al parco a spingere l'altalena, non ti insegnavano a dare i primi calci al pallone né ad andare in bicicletta senza le rotelle e tutte quelle cose che oggi facciamo con i nostri figli forse proprio perché sono mancate a noi.

Se c'è una cosa che però ho condiviso con papà è stato guardare lo sport in tv. Partite di calcio della Nazionale e delle coppe europee, incontri di Coppa Davis, Gran Premi di Formula Uno, Giri d'Italia e Tour de France, Olimpiadi, non c'era sport in tv che papà non seguisse e io e mio fratello insieme a lui nel soggiorno con la luce spenta e una nuvola di fumo a mezza altezza. Il fumo passivo non si conosceva ancora e papà fumava le sue MS International seduto in poltrona, con le gambe accavallate e quella di sopra in un continuo dondolio. Alla passione per lo sport univa quella per i viaggi internazionali, fu in Finlandia con la Juve, in Russia con la Nazionale, in Giappone e Sudafrica con la Ferrari in anni in cui nelle capitali straniere gli alberghi internazionali erano contati e così gli capitò spesso di alloggiare nello stesso albergo degli sportivi che seguiva. A testimoniarlo mi restano un passaporto con gli autografi dei calciatori bianconeri e due foto che lo ritraggono in compagnia di Michele Alboreto e Mario Andretti.

Finita la partita torno a sedermi nel *portàl* e inizio a scrivere, forse è veramente la volta buona. Dalla mia postazione privilegiata al primo piano vedo giù in strada il solito via vai di gente di ogni tipo che osservo con curiosità cercando di carpirne i segreti.

Un vecchio di bassa statura con una malformazione al piede destro che poggia solo in punta spinge faticosamente un carrellino costruito alla buona inchiodando tavole di legno recuperate da chissà cosa e come ruote piccoli cuscinetti in acciaio, di quelli che da bambini usavamo per i carrettoni. Ha due scarpe differenti, la sinistra consumata fino alla tomaia, la destra quasi nuova, pantalone e camicia talmente rammendati che si fa fatica ad immaginarne la tessitura originaria. Ogni anno lo vedo passare spingendo il suo carrettino sul quale trasporta cose su commissione, per lo più piccole bombole del gas che la gente gli manda a comprare al vicino punto gas in cambio di una povera mancia. Per strada l'asfalto sembra fatto a quadranti con solchi trasversali alla carreggiata in cui le ruote del carrettino si bloccano arrestando di colpo la marcia e chiunque si trovi lì in quel momento dà una mano al vecchio a riprendere il cammino spingendogli il carrettino perché le ruote escano dal solco.

L'anno scorso una minuta vecchietta sulla ottantina dalla pelle nera e i capelli bianchi andava su e giù per tutta la *calle* con un carrellino sul quale portava un piccolo secchio. Raccoglieva i rifiuti organici che i vicini uscendo da casa versavano nel secchio. L'uragano Sandy le aveva scoperchiato la casa e lo Stato le aveva concesso dei fogli di lamiera per poterla riparare, che avrebbe dovuto pagare a rate, per questo stava allevando in casa un maiale dalla cui vendita avrebbe ricavato il denaro necessario a pagare il debito.

Quella dell'allevare un maiale in casa per ricavarne denaro contante da destinare a qualche esigenza primaria è una pratica, sebbene illegale, assai diffusa e non solo da chi ha un piccolo patio a disposizione. In occasione di una festa in famiglia ne comprammo uno che era stato allevato in un appartamento del *Dieciocho Planta*, mi sono sempre chiesto se fosse cresciuto in terrazza o nella vasca da bagno.

La pratica è agevolata dal fatto che qui i maiali non li portano alla grandezza a cui noi siamo abituati, difficilmente arriveranno a pesare un centinaio di libbre equivalenti all'incirca a quarantacinque chili, un po' per la difficoltà di gestirli e un po' perché hanno fretta di incassare la piccola rendita che ne ricavano.

Per ingrassarli, trattandosi di una sola bestia alla volta, si ricorre agli avanzi di cibo prodotti in famiglia e da qualche vicino di casa integrati all'occorrenza da un po' di soia.

Qui la raccolta differenziata è ancora lontana dall'essere introdotta e in casa tutto finisce in un grande sacco di juta che alla sera sarà svuotato al passaggio del *basurero*, un camion autocompattatore di quelli che ormai non siamo più abituati a vedere nelle nostre città.

La produzione di rifiuti è però minima, qui non si butta niente ma tutto si ricicla. Tanto per cominciare non sono molti i prodotti confezionati ma il più delle cose si vendono sfuse per cui non è raro incontrare per strada qualcuno con una grossa torta in mano senza alcuna confezione perchè le pasticcerie non ne sono provviste. Le buste di plastica sono inesistenti, ognuno va a fare la spesa con la propria sporta ed io stesso ho preso l'abitudine di uscire sempre con uno zainetto e porto comunque una busta di plastica in una delle tasche laterali dei bermuda. Le bottiglie di plastica vengono riutilizzate per conservare l'acqua in frigo, quelle piccole serviranno ai bambini per portarsi l'acqua a scuola mentre le bottiglie in vetro della *cerveza* si restituiscono direttamente alla *tienda* scontando il prezzo d'acquisto di altra birra. Per le lattine delle bibite c'è qualcuno che le raccoglie autonomamente anche per strada e nei parchi per poi rivenderle a peso ricavandone qualche spicciolo per campare la famiglia. Le latte grandi diventeranno vasi da fiori come nei nostri centri storici di qualche anno fa, la latta piccola della *leche condensada* sarà il misurino per dosare riso e acqua nell'*arrozera*, le buste dello yogurt di soia lavate e stese al sole alla corda dei panni serviranno per riporre qualcosa nel congelatore, lo faceva anche mia madre con le buste della pasta Antonio Amato per congelarvi le fettine di carne prima che le nostre case venissero inondate da bustine con chiusura ermetica e contenitori di ogni forma e dimensione.

Continuo a guardare per strada dove bambini scalzi e a torso nudo arrotolano lo spago a una trottola e la lanciano con forza a terra, sarà *lo strummolo* che i vecchi mi raccontavano a Polla. Le scarpe le tolgono perché giocando non si rovinino, le ciabatte perché scomode nella corsa, in un modo o nell'altro passano la giornata per strada sempre scalzi e a torso nudo o con la maglia tirata su fino al petto per il gran caldo. Lanciano la trottola con grande abilità per poi riprenderla da terra con il palmo della mano senza che questa smetta di girare.

Il cielo diventa nero e all'improvviso viene giù tanta di quell'acqua a ricordarmi che sono ai Caraibi e non a Polla negli anni Trenta.

2 EL GARAJE

Oggi ai Mondiali di calcio iniziano le partite finali dei gironi, su Multivision alle quattordici danno in contemporanea Portogallo-Iran e Spagna-Marocco, due partite in apparenza dall'esito scontato, ma solo in apparenza.

Anche stavolta ci si mette di mezzo la *cubanìa* con i suoi riti: al termine del pranzo tutta la famiglia è schierata sui *balances* a *mirare una pelicula gravada en la memoria.*

La televisione di Stato concede poca scelta, cinque canali e una programmazione che prevede notiziari, documentari, cartoni animati, programmi musicali, qualche film americano degli anni Cinquanta al mattino e qualcuno recente alla sera. Nessuna possibilità di collegarsi alle emittenti straniere, lusso concesso solo agli ospiti dei grandi alberghi.

Per superare l'isolamento mediatico il cubano, così come in tante altre cose, si è ingegnato a trovare una soluzione alla necessità. A ogni angolo di strada un cartello scritto a mano appeso a una porta o alla ringhiera di un balcone avvisa che *se gravan memòrias.*

Piccoli genietti dell'informatica recuperano non so come e non so dove tutto quello che settimanalmente passa nelle televisioni e nei cinema di tutto il mondo, lo convertono in tutti i formati possibili e immaginabili rendendolo così disponibile a tutti. In cambio di cifre modeste e accessibili più o meno a tutti ti scaricano su una chiavetta usb tutto quello che desideri vedere, film di prima visione in lingua originale sottotitolati in spagnolo che in Italia non arriveranno prima di un paio d'anni, partite di calcio, Gran Premi di MotoGP, serie tv, concerti e video musicali.

Fino a qualche anno fa comparivano a ogni angolo di strada venditori di cd e dvd con tutto il materiale disponibile. Oggi sono praticamente scomparsi, soppiantati dall'avvento delle chiavette usb, di maggiore capacità e di più facile riproduzione.

È così che tutti, giovani e meno giovani, casalinghe e pensionati dispongono di una propria *memoria* che custodiscono gelosamente e sulla quale conservano in una miriade di cartelle i programmi di maggior interesse, video musicali, serie tv, film di ogni genere e foto personali. Immaginate vostro nonno o la vostra vicina di casa che non saprebbe neanche come accendere un personal computer alle prese con una chiavetta usb grazie alla quale potrà vedere le ultime puntate delle telenovela preferita o l'ultimo film uscito ad Hollywood. I giovani la collegano al pc o al notebook, i vecchi alla tv attraverso la *cajita*, l'equivalente del nostro decoder.

Per gli appassionati di sport è disponibile settimanalmente il *paquete,* un *resumen* di tutte le partite di calcio ed eventi sportivi disputati in tutto il pianeta. È grazie al *paquete* che, quando mi capita di venire fuori stagione, riesco a seguire il nostro campionato guardando gli highlights di tutte le partite, seppur con una settimana di ritardo.

Per mia sfortuna oggi qualcuno in famiglia ha portato una *memoria* con quattro nuove pellicole, di horror naturalmente, genere molto in voga qui. A volte si tratta di film di buona qualità, più spesso di produzioni squattrinate con le trame sempre uguali: speleologi che in qualche grotta della Transilvania incontrano orrende creature, studenti o ricercatori universitari in viaggio studio in qualche foresta tropicale alle prese con alligatori giganti, babysitter chiamate a sorvegliare bambini in case infestate dagli spiriti.

Anch'io appena arrivo ricorro alla *memoria* per farmi scaricare qualche decina di film da guardare a letto al computer e che saranno la mia ancora di salvezza quando la tv è occupata.

Fortuna che ai Mondiali non gioca l'Italia che grazie allo scellerato duo Tavecchio-Ventura non si è neanche qualificata, avrei potuto rischiare una crisi familiare invece senza battere ciglio mi cambio e vado a guardare le partite in casa di Alejandro.

Lo chiamano per avvisarlo, qui il telefono fisso costa poco, quasi niente, e ci si telefona all'interno del nucleo familiare per ogni minima cosa, dalle venti alle trenta telefonate al giorno. Provo a dire che non c'è bisogno che lo avvisino perché sarà sicuramente in casa, piantato di fronte al televisore ma non mi danno ascolto e parte la telefonata di avviso, seguirà quella per sapere se sono arrivato e dopo un paio d'ore l'ultima per sapere a che ora rientro.

Come previsto Alejandro è lì sul suo *balance* di fronte alla tv a schermo piatto collegata al pc e allo stereo in un groviglio di fili, e non poteva essere diversamente visto che gioca il Portogallo del suo idolo Cristiano Ronaldo.

Il calcio qui ha soppiantato, almeno tra i giovani, la *pelota* ed è di gran lunga lo sport più seguito, anche se poco praticato ed in mancanza di un campionato di buon livello tutte le attenzioni sono rivolte al calcio estero, in special modo quello spagnolo.

Il campionato locale è così scadente e poco seguito che lo scorso anno, pur abitando a duecento metri dallo stadio comunale *Antonio Maceio*, nessuno mi ha detto né mi sono reso conto che vi si stava disputando la partita decisiva che avrebbe portato la squadra di Santiago a laurearsi per la prima volta nella sua storia campione di Cuba.

L'ho letto il giorno dopo sul *Granma* che dedicava una intera pagina ai diavoli rossi e al loro allenatore italiano, un tale Lorenzino Mambrini, un perugino mai sentito nominare prima, che in carriera è stato un modesto giocatore di serie C successivamente coinvolto in una vicenda di calcio scommesse quando allenava in Promozione e per questo squalificato per tre anni e sei mesi, poi ridotti a diciotto mesi dal Tnas. Un perfetto sconosciuto che però nel 2017 ha potuto scrivere il proprio nome accanto a quello di Conte, Ancellotti e Carrera, allenatori italiani vincitori di campionati esteri.

La vittoria del campionato gli valse prima la consegna delle chiavi della città di Santiago direttamente da parte di Mariela Castro, nipote di Fidel, successivamente la nomina a commissario tecnico della Nazionale di Cuba e scoprii che non era neanche il primo italiano, preceduto da un tale Giovanni Campari, emiliano che da noi aveva allenato in serie minori tra Melfi e Bisceglie e mandato a Cuba dalla Figc per dei seminari ne divenne commissario tecnico negli anni Novanta. All'epoca a causa delle ristrettezze economiche la Nazionale giocava le qualificazioni mondiali sempre fuori casa non avendo la possibilità di ospitare le delegazioni straniere e chiaramente non si qualificò per la fase finale, del resto l'unica volta che vi hanno partecipato risale al 1938 in Francia.

Alejandro è tifoso del Real Madrid e di Cristiano, come qui chiamano Ronaldo, al punto da aver cambiato il nome della sua attività da *El Garaje* a *Real Cafetería* e dotato tutte le sue dipendenti di maglietta e cappellino del Real Madrid.

Del Real possiede non so quante magliette, un completino, le ciabatte e un telo da mare, tanto che una volta in vacanza in un albergo di *Guardalavaca* lo avevano scambiato per un calciatore professionista.

Qui i giovani sono equamente divisi tra tifosi del Barca e del Real, di Messi e di Ronaldo, con una predominanza a mio avviso di questi ultimi. Al principio di qualsiasi discorso attinente il calcio sono interessati a sapere se in Italia sia considerato più forte Messi o Ronaldo. È una di quelle domande senza risposta che caratterizzano ogni discussione cubana, eternamente divisi tra la *Bucanero* e la *Crystal*, tra il *congrìs* e il riso bianco con fagioli neri, tra la *pierna asada* e il *lomo ahumado*.

Alejandro è uno dei nipoti di Damaris che durante la nostra permanenza a Santiago ci rendono la vita più facile, affettuosi e gentili oltre che sempre disponibili ad ogni nostra esigenza che sia un problema alla televisione, la mancanza di acqua in bottiglia, la ricerca di qualche bene di prima necessità introvabile. Trentenne, alto e longilineo, di pelle chiara, non rientra nei canoni tipici del cubano, se di canoni si può parlare in un Paese che è stato nei secoli crocevia di razze dall'America, dall'Africa, dall'Europa e finanche dalla Cina.

Intelligente e di buona cultura, non ha voluto proseguire gli studi, poco attratto da una modesta, in termini di guadagno, carriera statale, preferendo mettersi in proprio e diventare così un *cuentapropista,* un appartenente a quello che noi chiamiamo popolo delle partita iva.

Ha trasformato un piccolo garage davanti casa nell'equivalente di una nostra pizzeria da taglio dove in realtà vende pizzette da teglia più che da taglio, cotte in forno elettrico ognuna in un piccolo ruoto rotondo piegate a portafoglio e servite incandescenti su un foglio di cartoncino.

Le pizze in un locale sottostante e seminterrato le prepara Chichì che arriva la mattina presto dal *Caney* per poi rientrare a tarda sera a bordo di camion privati che trasportano persone come i militari al fronte nella seconda guerra mondiale. A infornarle e venderle c'è Irina, un'altra nipote che domani compie quaranta anni, madre di tre figlie da tre padri diversi e già nonna da cinque anni. Storie di famiglie che da noi sarebbero materia per gli assistenti sociali ma che qui sono la normalità in una società in cui madri giovanissime allevano i figli con l'aiuto dei nonni mentre i padri naturali non li riconoscono o scompaiono da un giorno all'altro inseguendo il sogno americano.

In un paese in cui il sesso non è un tabù e la contraccezione un lusso, la cosa più naturale che possa accadere ad una coppia è avere un figlio, non come da noi dove prima di pensare solamente di mettere al mondo un figlio ci si preoccupa della laurea, del lavoro, della posizione sociale, della casa e quando inizi a provarci ti ritrovi a non avere più l'età biologica per concepirli.

La posizione della pizzeria è ottimale, su una strada frequentata da pendolari e studenti e per di più frontale all'ospedale oncologico così che a partire dalle otto di mattina e fino alle sei di sera il piccolo locale, poco più che un chioschetto, è perennemente frequentato da studenti che vanno e vengono dalla scuola, infermiere e dottori, uomini in divisa militare, muratori e pendolari di ogni genere che con la metà di un euro fanno colazione o pranzano con una pizzetta e un rinfresco. Mentre da noi impazzano cornetti e bomboloni qui la colazione è salata, pizza o sandwich fuori, *pàn con huevo* o con *jamòn* a casa, accompagnata da un succo fresco perché fa caldo sin dal mattino.

Da quest'anno ha raddoppiato il locale e l'offerta aggiungendo alla pizzeria una caffetteria costituita da una piccola tettoia delimitata da un bancone dove una giovane negra con la maglia di Ronaldo vende gelati in cono o paletta, yogurt, biscotti e fette di dolce.

La prossimità all'ospedale è stata per Alejandro provvidenziale sia per gli affari che per i sentimenti. Tra una pizzetta e l'altra ha incontrato Milena, giovane dottoressa specializzata in oncologia che sposerà e che gli darà un figlio biondissimo e magrolino, un piccolo "tedesco" di nome Fabio di cui sono stato padrino di battesimo.

Si sposarono un giorno qualsiasi senza dire niente in famiglia, a saperlo eravamo solo io e sua zia, e festeggiando da soli con una mezza giornata nella piscina di un grande albergo.

Milena è una ragazza semplice e carina, una cubana che *habla bajito*, una rarità in un paese di gente chiassosa e festaiola. Figlia unica di genitori anziani, due distinti signori sulla settantina che vivono in un appartamento in uno dei *Dieciocho Planta de Garzòn* e compaiono con la loro discreta presenza ad ogni festa di compleanno del nipotino, seduti in un angolo in attesa del loro piatto. Con il suo camice bianco che la rende più graziosa è sempre pronta a lasciare l'ospedale per correre al mio capezzale quando le mie vertebre L5-S1 decidono di farsi sentire. Porta con sé avvolti nella prima carta che capita un po' di ovatta, la siringa e il diclofenac che mi inietterà dopo avermi disinfettato la natica con il profumo o il rhum. Per ringraziarla delle sue premure le mandai dall'Italia un timbro autoinchiostrante, una rarità qui, con cui siglare le ricette che scrive ai suoi pazienti. Appena rientro in Italia mi darò da fare per mandargliene un altro, uno di quelli portabili o estraibili da una penna.

Guardo la partita seduto nel *balance* nella minuscola saletta del mini appartamento che Alejandro ha ricavato per la sua giovane famiglia all'interno dell'appartamento che suo padre Raul a sua volta aveva ricavato nel piano seminterrato della casa della madre, in un dedalo di locali intercomunicanti in cui vivono quattro generazioni di cubani, stanze che si intersecano in ogni direzione sopra e sotto, avanti e dietro come in un Tetris tridimensionale. Una disordinata tipologia costruttiva che mi ricorda certe case del nostro centro storico, ampliate, sopraelevate, superfetate in epoche successive secondo le necessità e le possibilità, quando per costruire un solaio si attendevano le rimesse dalle

Americhe, la vendita di un vitello o il ritorno degli zampognari dai paesi vesuviani. Che differenza rispetto ai giorni nostri in cui giovani coppie di nuovi ricchi affidano le loro pretese ad architetti scolastici privi di estro desiderosi di lasciare una impronta che non hanno in edifici tutti uguali a seconda della moda del momento.

Quando mi affacciai al mondo della libera professione erano gli anni della vasca idromassaggio. Nessuna idea di progetto, che fosse un edificio di nuova costruzione o la ristrutturazione di un appartamento esistente, incontrava il favore della committenza se non prevedeva l'inserimento nel bagno di una vasca idromassaggio, così abbiamo disseminato le nostre abitazioni di inutili vasche che nessuno usa perché nella frenesia dei tempi moderni è più facile farsi una doccia che aspettare un'ora che una vasca si riempia di due quintali d'acqua e starci a mollo un'altra mezz'oretta, senza contare poi che al termine bisogna comunque fare la doccia oltre che sciacquare la vasca.

Poi venne il momento delle cucine in muratura, scomodi banconi rivestiti da improbabili cotti toscani o ceramiche vietresi di produzione industriale che scimmiottavano quelle dei veri maestri artigiani. Venivano piazzati per lo più nella tavernetta, una cucina al piano interrato quasi sempre abusivo e di nessuna utilità a meno che non si trattasse effettivamente di un edificio realizzato a mezza costa ossia su un terreno in pendenza.

Oggi invece va di moda la cabina armadio, se non ce l'hai non sei nessuno, anche se il tuo guardaroba è costituito da un solo abito estivo ed uno invernale, e non importa se non hai lo spazio sufficiente, l'importante è averla, insieme al bagno in camera naturalmente.

Dimenticavo l'ultima chicca dei giorni nostri, il doppio lavabo. Anche se in casa hai cinque bagni il doppio lavabo pare essere necessario per permettere alla moglie di truccarsi mentre il marito si fa la barba condividendo il bagno in quei frenetici minuti che precedono l'uscita da casa. Un'altra scelta che non capirò mai, io il bagno non lo condivido anzi mi chiudo a chiave anche se so che sono solo in casa.

Pura e inutile ostentazione, il Dalai Lama scriveva che *"abbiamo case più grandi ma famiglie più piccole"* e concludeva che *"questa è un'epoca in cui tutto viene messo in vista sulla finestra, per occultare il vuoto della stanza"*, non sono un seguace né suo né della religione buddhista ma queste frasi me le farei incidere sulla pelle in un tatuaggio.

Per il Portogallo segna Quaresma, noto come *el trivela* per il suo tipico colpo d'esterno carico d'effetto, padre di dichiarate origini gitane e madre angolana, un fantasista dalle grandi doti tecniche ma dal rendimento discontinuo con una fugace apparizione nell'Inter al tempo di Mourinho. Uno di quei calciatori croce e delizia dei propri allenatori di club ma che quando giocano nella propria Nazionale si trasformano dando il meglio di sé stessi.

Nel Portogallo è considerato la spalla ideale di Cristiano Ronaldo oltre che il suo vice naturale. Cristiano sbaglia il rigore del raddoppio e alla fine l'Iran riesce a pareggiare e lo stesso fa il Marocco contro la Spagna ma passano il turno entrambe le squadre della penisola iberica con buona pace dei cubani tifosi un po' della Spagna per via delle origini ed un po' del Portogallo per la presenza del loro idolo.

Torno a casa a sedermi nel *portàl* a scrivere sul mio mini-laptop con un occhio alla *calle* sottostante dove i più piccoli giocano con la trottola mentre i più grandi, adolescenti dal fisico muscoloso già definito, giocano alla *pelota* in una sorta di partita di doppio del tennis, solo che non hanno la racchetta e lanciano la palla colpendola col pugno chiuso.

3 ENRAMADAS

Svegliarsi alle otto e trenta è già tardi, significa andare a correre alle nove e trenta quando il sole ormai è alto sull'orizzonte. Faccio le prove saltellando sul posto nel *portàl* e nel *patio*, non sembra esserci troppo caldo ma appena in strada mi avvolge una canicola e al quarto chilometro ho già fame d'aria. Ho bevuto tutta la bottiglietta d'acqua con i sali minerali, quelle bustine che trovo nel pacco gara al termine delle mie imprese domenicali e che conservo in previsione degli allenamenti estivi o dei lunghi di preparazione alla maratona.

Già, la maratona, non bastava essermi dato a quarantacinque anni allo sport agonistico iscrivendomi alla corsa del mio paese negli otto chilometri più lunghi della mia vita, dagli otto ai dieci il passo è stato breve, fino ad arrivare ai ventuno di Agropoli, Salerno, Napoli, Caserta e Lago Patria passando per i venticinque di Valle Maddaloni dove tra le note dell'Aida si percorre in sommità l'Acquedotto Carolino.

Mancava lei, la regina delle lunghe distanze,

quarantadue chilometri e centoventicinque metri di solitudine, solo tra quattordicimila persone provenienti da ogni angolo del mondo, solo con le tue gambe e i tuoi pensieri in cinque ore in cui riavvolgi il film della tua vita, pensando agli affetti che ti aspettano a casa e a quelli che ti seguono dal cielo. Non mi è bastata nemmeno la medaglia di finisher alla Maratona di Roma, la mente è già rivolta alla prossima, a quella di Firenze, a quel venticinque di novembre che sembra lontanissimo ma che settimana dopo settimana diventerà sempre più incombente con una tabella di allenamenti che non seguirò ma collezionando nelle gambe chilometri alla rinfusa un po' a Polla e un po' a Salerno.

Come sia possibile riuscire un giorno a correre per quarantadue chilometri e un altro sentirsi sfinito dopo solamente quattro è la dimostrazione di quanto sia forte la mente umana e quanto conti negli sport di resistenza la forza di volontà, la capacità di soffrire, quella che oggi evidentemente mi è mancata. Dal basso della zona portuale ritorno verso casa camminando, oggi è andata così, inutile insistere.

Dopo la doccia e la mia razione di frutta tropicale riesco alla volta del centro, sono qui *incomunicado* da quattro giorni, irraggiungibile al telefono e senza connessione internet, è tempo di accedere alla rete, almeno alla mail sperando che non vi siano grosse novità. Non c'è molto che possa fare a ottomila chilometri di distanza perciò è meglio che non sia accaduto nulla che richieda la mia presenza.

Nonostante le tanto propagandate liberalizzazioni del governo castrista connettersi qui rimane un'impresa. Nella metodicità ereditata da mio padre io uso, tra le diverse soluzioni possibili, sempre la stessa. Le vacanze in famiglia erano costituite da due settimane in albergo, quasi sempre le prime due di luglio, al principio in Cilento, in seguito a Praia a Mare e negli ultimi anni sulla Riviera Adriatica. Quando si partiva per Cattolica papà caricava l'auto la sera prima, la partenza era per le quattro di mattina per viaggiare con il fresco e per arrivare in albergo prima dell'ora di pranzo. Si entrava con il pranzo e si usciva con la colazione e così ogni anno in un rituale che non prevedeva possibilità di modifiche. Il primo giorno dopo il pranzo e il riposo pomeridiano papà faceva la sua solita lunga passeggiata per i viali alberati di Cattolica alla ricerca delle soluzioni alle sue esigenze: il tabacchino, il giornalaio e il barbiere da cui radersi a giorni alterni, sarebbero state per i successivi quindici giorni le sue mete fisse. Allo stesso modo anche io a Santiago ho i miei rituali e per connettermi vado in centro dove in una *esquina* c'è la sede di Etecsa, la compagnia telefonica.

C'è sempre fila alla porta e appena arrivati bisogna chiedere chi è l'ultimo. Un uomo della *seguridad* consente l'ingresso a cinque persone alla volta man mano che si liberano gli addetti allo sportello. All'interno, in una temperatura glaciale, mi aspetta un'altra fila fino a che, giunto finalmente al banco e non prima di aver esibito il passaporto, compro le mie *tarjete orarie*, schede dal costo di un *cuc* che consentono un'ora di connessione.

Con in tasca le mie cinque ore di internet entro nella *sala de navigaciòn* dove incredibilmente c'è una *maquina* libera, altrimenti avrei dovuto fare un'altra fila. Collegarsi da un personal computer che non è il tuo e per di più da un Paese straniero non è facile come sembra, occorre ricordare nome utente e password per ogni account ai social media e alle mail, risolvere difficili enigmi tesi a verificare che non sei un robot e al primo tentativo fallito scatta un sistema di allerta che rileva un tentativo di connessione da un Paese dall'altro lato del mondo. Se poi considerate che la tastiera spagnola è differente dalla nostra e che quelle che trovo nella *sala de navigaciòn* hanno a volte i caratteri sui tasti illeggibili per l'usura avrete una vaga idea della difficoltà.

La mail di Libero non si apre, funziona ad intermittenza anche in Italia per questo la sto sostituendo a poco a poco con un nuovo indirizzo Gmail dal quale rispondo alle mail ricevute o ne scrivo di nuove. Sulla nuova solo un paio di messaggi, Rino mi ricorda di lavorare al regolamento della Strapollese, Carmine alle piante della sua villa. Sui quotidiani le solite stucchevoli polemiche politiche in un infinito gioco delle parti con l'unico obiettivo di delegittimare l'avversario, mai una proposta concreta, mai un dialogo costruttivo che si tratti del governo nazionale o regionale fino ad arrivare a Pontecagnano e Polla, i paesi tra i quali quotidianamente mi divido e dove si è appena votato per il rinnovo del consiglio comunale. Uno sguardo alla Gazzetta dello Sport per avere la conferma che il Torino non ha ancora comprato nessuno, solo le solite continue trattative in corso già da un paio di settimane e che si concretizzeranno solo alla fine del calciomercato in continuo gioco al ribasso. Anche la Germania ha la sua Corea mentre l'Argentina risorge dalle proprie ceneri con buona pace di Maradona sempre più caricatura di se stesso che dispensa giudizi da *Telesùr*. Amico di Chavez e dei fratelli Castro, da queste parti si è cucito addosso il ruolo di paladino dei popoli oppressi dalle oligarchie dei Paesi occidentali che si parli di sport o di politica, per cui gode di un'aurea che lo rende intoccabile e ne fa uno dei maggiori opinionisti su *Telesùr* (Televisione del sud) unico canale internazionale trasmesso sull'isola, nato per iniziativa di Hugo Chavèz come emittente televisiva latinoamericana in risposta all'americana CNN e alla britannica BBC.

Sui social media complicati algoritmi filtrano al nostro posto i contenuti di nostro interesse proponendoci una visione prismatica della realtà che ci porta a condividere le nostre idee con persone con le quali siamo già d'accordo in un continuo scambio di mi-piace, condivisioni e commenti e nascondendoci tutto ciò che è distante dalle nostre opinioni e del quale avremmo invece bisogno per un confronto sociale e una crescita culturale.

Ogni tanto sbircio un po' sul monitor della

postazione al mio lato dove un giovane di belle speranze è impegnato in tre o quattro comunicazioni a distanza con altrettante donne straniere barcamenandosi tra i traduttori online. Chiaramente è innamorato di tutte e a tutte riserva frasi romantiche e improbabili apprezzamenti fisici secondo un copione già scritto, intrattenere a distanza una qualsiasi forma di relazione con qualcuno all'estero è l'unica speranza di poter uscire dal Paese con una carta di invito per cui vale la pena investire qualche ora di connessione.

Non arrivo neanche alla fine dell'ora della *tarjeta* che mi sono già stancato. Quando scopri che dopo quattro giorni di completo isolamento non trovi nulla di realmente interessante ti rendi conto che quella continua connessione alla quale siamo abituati in qualsiasi posto e in qualsiasi istante non è poi del tutto indispensabile. Lascio la postazione non prima di aver recuperato la penna usb ed essermi sloggato dai vari account, non si sa mai che qualcuno vi s'inserisca dopo di me.

Ritorno verso casa risalendo *Enramadas*, il cuore della città, un percorso pedonale che da *Plaza de Marte* scende fino alla zona portuale dell'*Alameda*. La traduzione corretta sarebbe pergolato, pare che il nome risalga alla metà del diciottesimo secolo quando in occasione della processione del Corpus Domini gli abitanti adornavano le case con rami sia come abbellimento che per dare ombra ai fedeli che si accalcavano per strada.

Sono aree di Santiago costantemente oggetto di interventi di riqualificazione attraverso una pioggia di interventi statali volti a migliorare il biglietto da visita della seconda città del Paese, antica capitale, città eroica e ribelle dove la rivoluzione castrista ebbe inizio. Negli ultimi anni vi hanno anche ristrutturato e riaperto al pubblico un paio di grandi alberghi che dagli anni Cinquanta versavano in rovina. Ai due lati della strada è tutto un susseguirsi di piccoli negozi privati dove vendono le cose più disparate. Non mancano i ristoranti *particulàr* alternati a quello dello Stato. Tra le varie attività presenti vado spesso alla *Cadèca*, un piccolo cambia valute lungo e stretto con tre postazioni allineate dove si entra dopo aver fatto la fila all'esterno sotto lo sguardo vigile di una guardia giurata e resistendo ai tentativi di abbordaggio dei cambia valuta a nero, sempre da evitare a qualsiasi latitudine perché la truffa è garantita.

Quando ho tempo entro anche in un paio di polverose librerie, sempre statali, dove mi aggiro tra gli scaffali sotto lo sguardo di qualche anziana commessa incuriosita dall'avere un cliente straniero, anche se a volte a prima vista non lo sembro. Una volta all'ingresso del Museo Bacardì la cassiera restò stupita quando le porsi l'importo previsto per gli stranieri, dieci volte quello per i cubani, perché lei a prima vista avrebbe giurato che fossi cubano.

In effetti i miei lineamenti mediterranei e la carnagione resa ancora più scura dagli allenamenti per strada fanno sì che in alcuni Paesi stranieri mi capiti stesso di essere scambiato per uno del posto, accadde finanche in Egitto dove una decina di anni fa per diverse stagioni e anche più volte all'anno ero solito andare per le mie attività subacquee.

Chiaramente il trucco può funzionare fin tanto che non apro bocca, al momento di proferire anche la più semplice delle parole spagnole l'incantesimo svanisce.

Un paio di anni di studio della lingua spagnola mi sono valsi il livello B2 che mi consente di relazionarmi con un livello sufficiente di fluidità e portare avanti una conversazione ma lo Spagnolo nel mondo lo parlano come lingua madre oltre cinquecento milioni di persone ed in ogni Paese assume delle sfumature differenti con il risultato che quello cubano è diverso da quello venezuelano, argentino o messicano.

La stragrande maggioranza degli spagnoli arrivati sull'isola provenivano dalle Canarie, dove già si parla una lingua diversa dal castellano, e giunti qui si sono mescolati con i nativi indiani e con gli schiavi africani e ciascuno ha portato qualcosa di suo nella lingua cubana alla quale si aggiunge pure qualche termine storpiato dall'inglese, retaggio dell'antico dominio nordamericano.

Nella libreria lo spazio dedicato alla narrativa è molto limitato, la parte del leone la fanno i libri di storia e di poesia. Già in Italia scegliere un libro è un'impresa ardua, devi giudicarlo dal titolo o dalla copertina, dalla foto dello scrittore o dalla breve descrizione. A volte ne leggo l'incipit o una pagina a caso. Qui è ancora più difficile, chiaramente non conosco gli autori e a volte faccio fatica a comprendere le brevi descrizioni per cui mi ci vuole un po' di tempo in più. Il vantaggio è che costano talmente poco che nell'indecisione tra cinque o sei libri li compro tutti per la meraviglia della cassiera che vende in mezz'ora quello che di solito venderebbe in un giorno o forse due. Il tempo impiegato a sceglierli è nulla se paragonato a quello necessario per perfezionare l'acquisto. I libri non hanno etichetta o codice a barre ma il prezzo scritto a matita in un angolo della prima pagina. La cassiera deve annotare sul registro delle vendite tutti i titoli, fare la somma con una vecchia calcolatrice ed annotare a mano la somma ricevuta ed il resto, tutta una serie di banconote e qualche moneta che le lascio come mancia.

Chiaramente i libri vanno nello zainetto o in una busta di plastica che porto sempre con me in una tasca del pantalone dal momento che i negozi non ne hanno.

Un'altra delle mie mete è il *callejòn del Carmen*, una piccola traversa parallela affollata di venditori ambulanti di *artesanìa*. È qui che vengo il giorno prima di partire alla ricerca dell'ultimo souvenir. Vi si trovano oggetti in legno o cuoio, anche di buona fattura, dipinti, portachiavi, calamite, bracciali, magliette e cappellini. Tra i personaggi rappresentati predominano il Che e Fidel, ma anche la vecchia mulatta con il sigaro in bocca o il capo indiano di qualche tribù precolombiana.

Nel *Parque Serrano*, all'ombra di alberi rigogliosi anziani pensionati si sfidano a scacchi. Per la velocità di pensiero e la qualità delle mosse potresti pensare di stare assistendo ad un torneo internazionale, non fosse per le condizioni del tavolino sgangherato sul quale si svolge la partita. Unitamente al domino e alla dama gli scacchi sono un passatempo nazionale soprattutto per le generazioni più anziane, giocato per strada di giorno all'ombra di un albero e di notte alla luce di un lampione. Anche il Granma nella pagina riservata allo sport dà frequentemente ampio risalto ai risultati di partite e tornei internazionali. È il retaggio dell'influenza sovietica che riappare nelle auto e nelle motociclette, nei nomi di persona, nei ricordi di carne in scatola destinata all'esercito sovietico.

In un angolo di *Aguilera* entro in un negozio dello Stato che vende succhi di frutta. In un ampio locale di una quarantina di metri quadri le due dipendenti si dividono tra il piccolo bancone con la cassa a sinistra e i due frigoriferi al centro della stanza. Due dipendenti per due prodotti, succo di *guayaba* o *tamarindo*, venduti in bottiglie di vetro da trecento ml nel frigo di destra, acqua naturale in quello di sinistra. Succo e polpa di frutta senza coloranti né conservanti in bottiglie opache di vetro marrone, prodotti qui a Santiago da una impresa statale.

Hanno un buon sapore e dissetano senza gonfiare, lo Stato li produce e li mette in vendita a prezzi bassi in un continuo e disperato tentativo di autoproduzione ma qui li bevo solo io. Tutti preferiscono il *refresco gaseado* bibite effervescenti in lattina del sapore di uno sprite o di una coca cola, vendute a prezzi europei oppure la *cerveza* che è una istituzione e che meriterebbe un capitolo a parte. Bevo il mio succo di *guayaba* nella *tienda* e me ne faccio dare una decina con cui riempio lo zaino pagandone uno in più per la cassiera, una piccola attenzione sempre gradita.

Dall'altro lato della strada sulla barberia che fa angolo ha comprato una casa il nostro amico Massimo, anche lui in qualche modo artefice o complice della mia presenza qui. È un appartamento in stile liberty costruito negli anni trenta con i soffitti alti e decorati e ampie aperture ad arco che danno sulla strada. Dal basso riesco a vedere sul balcone un bambino dalla pelle nera con addosso solo un pantaloncino e il corpo ricoperto da polvere bianca che gioca con un bastone. Immagino sia il figlio di un muratore impegnato nei lavori di ristrutturazione, una delle imprese più ardue che ci possano essere qui, soprattutto per il reperimento dei materiali.

Le case in vendita abbondano, tutti vogliono andare via all'estero e la vendita di un'immobile o la permuta con uno più piccolo sono l'unica possibilità di procurarsi il denaro necessario. In mancanza di agenzie immobiliari il mercato è affidato ai *corredores*, persone che fanno da improvvisati intermediari in cambio di una piccola percentuale. Le cifre sono tutto sommato modeste come modeste sono a volte le condizioni degli immobili anche se non mancano richieste di denaro spropositate. Il mercato è paralizzato non solo dalla mancanza di risorse ma anche dalla legislazione vigente che preclude agli stranieri l'acquisto di un immobile, gli unici che avrebbero la reale possibilità, e consente ai cittadini cubani la possibilità di essere proprietari di un'unica abitazione in città oltre ad una in campagna e una al mare, in pratica inesistenti. Farraginose sono anche le procedure di successione ereditaria con il risultato che trovare un immobile con gli incartamenti in regola non è cosa semplice. Pur essendo per ora una possibilità molto remota continuo sempre, nelle mie camminate, a guardare i cartelli di case in vendita immaginandone dall'esterno la consistenza e gli eventuali possibili riammodernamenti. Le più belle sono quelle in stile coloniale, risalenti agli anni Trenta, molto luminose con porte e infissi dotati di sopraluce, soffitti alti e pavimenti in graniglia stile liberty a formare tappeti floreali, aperture ad arco delimitate da esili colonne.

Carine anche le villette in stile capitalista risalenti agli anni Cinquanta d'ispirazione americana, con forme rettangolari, tetto piano con ampie sporgenze sul portone d'ingresso, aperture squadrate con infissi in vetro a lamelle orientabili.

Chissà che un giorno o l'altro decida di venire a svernare qui a godermi la pensione, ammesso che ci arrivi e che sia una somma degna di questo nome.

L'ora di pranzo si avvicina per cui mi incammino verso casa, un altro paio di chilometri sotto il sole cocente e per di più con uno zainetto sulle spalle che renderà presto la mia schiena una pozza di sudore.

La strada è in salita, supero *Plaza de Marte* e mi dirigo verso *Garzòn*, in un angolo una mulatta in divisa bianca con il suo banchetto ambulante di *coctel de ostiònes*. Mi tenta da anni, a volte mi fermo a osservare un po' a distanza il rituale di gesti con cui prepara ai passanti questa sorta di cocktail afrodisiaco a base di ostriche che prende con un cucchiaino e alle quali aggiunge succo di lime, succo di pomodoro, sale, pepe e a richiesta tabasco, il tutto in un bicchiere di vetro che i clienti mandano giù in piedi di fronte a lei. Ogni volta cerco di farmi coraggio e prenderne uno, poi desisto, i frutti di mare crudi non li mangio neanche in Italia al ristorante, figuriamoci qui, per strada e con trentasei gradi all'ombra.

Dall'altro lato della strada un imponente cancello sempre aperto con un viale alberato che conduce alla *Clinica Los Angeles*, ospedale pediatrico costruito negli anni Trenta su una collina che prima ospitava un cimitero poi traslato con l'espansione della città.

È un edificio imponente su una collinetta che rappresenta uno dei punti più elevati della città, caratterizzato da una grandezza severa ed elegante in quello stile eclettico che sorse negli anni Trenta in Europa e Nord America prendendo in prestito elementi decorativi di stili diversi. I tre piani del prospetto sono arricchiti da colonne doriche e ioniche, capitelli, fasce marcapiano ed altri elementi aggettanti, vani finestra riccamente decorati.

Un edificio che si distacca dal contesto non solo per la sua quota altimetrica quanto per l'imponenza della costruzione, per la ricchezza dei decori, per i giardini che lo circondano con viali alberati e terrazzamenti impreziositi da statue e fontane su piedistalli, pergolati sostenuti da colonnati dorici e pavimentazioni in stile barocco e musulmano con utilizzo di ceramiche colorate.

Continuo verso *Garzòn* sul marciapiede all'ombra, un signore seduto su uno sgabellino rasoterra lavora sul suo minuscolo banchetto. Ricarica, ripara e trasforma un oggetto molto prezioso, l'accendino, che qui chiamano *fosforera* mentre in Venezuela con lo stesso nome indicano una famosa zuppa di pesce dal grande apporto nutrizionale, capace di *levantare hasta un muerto*, paese che vai Spagnolo che trovi.

Qui fumano tutti ma l'accendino non ce l'ha nessuno, neanche il tempo di tirarlo fuori dalla tasca e ti trovi già addosso qualcuno che ti chiede di accendere. Così mentre noi siamo abituati a gettarli via qui si adoperano per ripararli, ricaricarli o addirittura trasformali in ricaricabili facendo un buchino sul fondo con relativo tappo. *El Medico de Fosforera* recita una scritta dipinta sulla parte frontale del banchetto che al lato porta una piccola bandierina cubana, di quelle distribuite alla popolazione per la visita di Giovanni Paolo II.

All'angolo di *Garzòn* la *Dulceria Centràl* un edificio squadrato a due piani con un corpo scala centrale leggermente sporgente. In alto al centro della facciata il numero novecento sessantanove in rilievo indica i chilometri di distanza da L'Avana.

Più in alto un tabellone luminoso indica la temperatura, meglio non guardarlo.

4 SANTA IFIGENIA

Il giorno del suo compleanno Irina lavora solo al mattino per poi venire a pranzo da noi a trascorrere il resto della giornata con sua madre Carmen che per tutto il periodo della nostra permanenza si è trasferita qui insieme a Doris per dare una mano a Reina nelle faccende domestiche occupandosi di noi e delle bambine e di tutto ciò che occorre in casa.
Venire a pranzo per modo di dire, qui si mangia tutti in orari e luoghi differenti. I primi a essere serviti siamo noi che pranziamo a tavola, i restanti quando arrivano, a qualsiasi ora e sulla prima sedia o *balance* libero.
Irina viene con figlie, cognata e nipoti e così tra nonna, bisnonna e trisnonna ci sono cinque generazioni, tutte femmine tranne me e il piccolo Abram.
Dopo pranzo mettono su nel *patio* una piccola *peluqueria,* una catena di montaggio costituita da tintura, shampoo e piastra, non è il caso di restare ed esco per una delle mie escursioni cittadine. Saranno le quattro di pomeriggio e fa il solito insopportabile

caldo, decido di approfittare dell'uscita imprevista per andare a visitare per la prima volta il cimitero monumentale di Santiago.

Sono passati sette anni dal mio primo viaggio qui e ogni anno mi sono ripromesso di visitarlo per poi rimandare puntualmente al prossimo ma quest'anno non posso evitare di fare visita a Roberto così che un giorno possa indicare a mia figlia dove è sepolto il suo *abuelito*.

Scendendo per *Martì* seguo la prima parte del tragitto che di solito faccio in allenamento al mattino e ne approfitto per fermarmi in un luogo insolito che ogni volta ha catturato la mia attenzione ma in cui non mi sono mai fermato per non interrompere la corsa.

Calle Moncada è una piccola arteria sulla sinistra scendendo verso la stazione, chiusa al traffico per la presenza di una ventina di chioschi in legno per la vendita di mercanzia, da non confondere con il *Cuartel Moncada* la caserma militare il cui assalto avvenuto il 26 luglio 1953 da parte di un centinaio di rivoluzionari capitanati da Fidel Castro benché fallito è considerato la data d'inizio della rivoluzione cubana. La caserma Moncada con la struttura tipica di un fortino militare spagnolo con tanto di muri merlati su cui sono ancora visibili le tracce dei proiettili sparati oggi è sede di una scuola e uno tra i migliori musei dell'isola, via Moncada è invece una stradina che ospita tutti i giorni uno strano bazar molto particolare.

Sui piccoli banchi la merce in vendita è tra le più variegate: bracciali, collane e amuleti di ogni genere, radici ed erbe sconosciute, unguenti, pozioni e polveri dai poteri miracolosi, statue in gesso di San Lazzaro e altre immagini religiose accanto a piume di uccello in un misto tra sacro e profano tipico della santeria. Un tempo praticata dagli schiavi africani è ancora oggi assai diffusa tra i negri la cui presenza qui a Santiago rispetto al resto di Cuba è predominante e dovuta al fatto che ai tempi della tratta degli schiavi negri dall'Africa verso le Americhe il porto di Santiago rappresentava il maggiore scalo commerciale schiavistico di tutto il continente. Del resto il mercatino in questa zona ha origine proprio dalla forte presenza in quel periodo di una folta comunità di schiavi neri in quest'area della città molto prossima al porto commerciale ed è rimasto attivo anche durante l'ateismo di Stato imposto dalla rivoluzione che, pur se non esplicitamente citato nella costituzione, è stato di fatto vigente fino al 1992 anno in cui ne fu promulgata una nuova versione che all'art.55 garantisce esplicitamente la libertà di religione.
Per terra è tutto un susseguirsi di piccole gabbie con colombi, galline, pulcini che immagino destinati a chissà quale rito sacrificale mentre le innocue bambole di pezza m'inquietano al solo pensiero della macumba.
Lo chiamano ironicamente il pronto soccorso, il luogo in cui recarsi per un'improvvisa emergenza che

sia un tradimento amoroso, un problema economico, una malattia inaspettata. Qui più che altrove i venditori sono abbastanza insistenti, ti chiamano contemporaneamente da più parti, ti propongono cose in un assordante vocio che unito al reggaeton pompato a tutta forza ti confonde fino a farti perdere l'orientamento, oltre tutto non è un posto in cui sono abituati a vedere entrare uno straniero per cui appena mi individuano l'offerta di prodotti si fa più pressante. Soddisfatta la mia curiosità esco dalla stradina rientrando nel mondo normale per quanto possa essere normale una qualunque strada di Cuba agli occhi di un occidentale.

Continuo a scendere per Martì sul marciapiede di sinistra, quello all'ombra, precauzione non irrilevante che ho imparato a usare per resistere al clima torrido. Per strada hanno già iniziato a montare delle baracche di legno che per tutta la durata del Carnevale ospiteranno bar e piccoli ristoranti improvvisati dispensando birra e musica fino a notte inoltrata.

Il Carnevale di Santiago, il più famoso dell'isola, dura un'intera settimana e non è come altrove una festa pre quaresimale ma si tiene a fine luglio, sganciato da qualsiasi ricorrenza religiosa. Una settimana di sfilate di carri allegorici, parate di scuole di danza, conga santiaguera con il pubblico assiepato su tribunette montate per l'occasione ai due lati delle strade principali mentre nelle traverse è tutto un susseguirsi di piccoli e grandi stand gastronomici, venditori ambulanti, friggitorie e pizzerie improvvisate per strada. Non manca la birra, quella scorre a fiumi distribuita attraverso piccole autobotti da cui ciascuno ricarica il proprio bicchiere. Una settimana di svago a beneficio soprattutto dei più giovani che potranno tirar tardi fino all'alba, per gli altri una settimana di disagi, di strade impercorribili, di musica ad alto volume, di penuria di generi alimentari introvabili nei negozi perché destinati alla festa.

Superata la stazione ferroviaria si esce dal centro urbano verso terreni inedificati e piccoli insediamenti industriali, qualcuno in disuso. Il cimitero è sulla destra ben individuabile anche a lunga distanza per la presenza di un alto pennone dal quale sventola una gigantesca bandiera. Qui può mancare di tutto, dall'acqua potabile all'energia elettrica, dal petrolio al cemento, alle risorse per riparare le strade o le fognature ma non mancano mai i soldi per le bandiere, i murales, le gigantografie e tutto quanto concerne l'iconografia della Patria, della rivoluzione e dei suoi protagonisti. Mai che avessi visto una bandiera malridotta, stinta o sfilacciata, di quelle che si vedono stanche e attorcigliate dinanzi ai nostri edifici pubblici. Dal più importante monumento nazionale alla più sperduta scuola di campagna qui tutti gli edifici pubblici sono dotati della loro bandiera in perfette condizioni e perfettamente sventolante. Molto spesso insieme alla tradizionale bandiera nazionale è presente quella a due bande orizzontali rosse e nere con la scritta 26 luglio, commemorativa dell'assalto al Moncada che è considerato l'inizio della rivoluzione. La propaganda qui a Santiago è più forte che altrove perché la città è considerata la capitale ideologica del Paese, il luogo da cui ha avuto inizio la rivoluzione castrista sia nel 1953 con il fallito assalto al quartiere militare Moncada che nel 1959 quando dopo tre anni di guerriglia il due gennaio Fidel Castro entrò trionfalmente nella città designandola capitale provvisoria per poi raggiungere dopo una marcia di sei giorni L'Avana. Un paio di secoli di guerre di indipendenza, prima dalla Spagna poi dal protettorato statunitense e infine dalla dittatura militare di Batista fanno si che una settimana sì e un'altra pure ci sia una ricorrenza, un anniversario, qualcosa da rievocare con grande enfasi sui canali di informazione e nelle strade, con tanto di gigantografie, murales, drappi e stendardi e a Santiago più che altrove, città per antonomasia *"rebelde ayer, hospitalaria hoy, heroica siempre"*.

Il cimitero monumentale di Santa Ifigenia fu creato nel 1868 per accogliere le vittime della guerra di indipendenza e di una contemporanea epidemia di febbre gialla. Per le sue imponenti tombe e per la rilevanza delle persone sepolte è considerato un'attrazione turistica della città di Santiago a maggior ragione da quando, dopo un viaggio di nove giorni da L'Avana, vi vennero deposte le ceneri di Fidel. Avevo sempre visto il cimitero come un luogo di affetti personali fin quando in un viaggio a Parigi fui a *Pere Lachaise* dove ogni giorno migliaia di visitatori rendono omaggio a grandi artisti passando da Oscar Wilde a Jim Morrison, da Maria Callas a Edith Piaf. A Parigi ci andai con Massimo in una vacanza estiva, io al secondo anno di ingegneria lui al primo di economia e commercio. Poi come capita spesso con le amicizie giovanili ci siamo persi di vista, l'ho ritrovato dopo venticinque anni in una di quelle rassegne estive in cui ci si ritrova un po' tutti seduti su un gradino del centro storico con il piatto di lagane e ceci in una mano ed il bicchiere di vino nell'altra, vive in Galles facendo il regista ed il docente di cinematografia. Oggi però non sono qui da turista ma per rendere omaggio ad una persona cara, padre della mia compagna e nonno di mia figlia, che nutriva per me una certa considerazione e io di lui. È una strana sensazione visitare un cimitero dall'altro lato del pianeta alla ricerca di una persona cara, è il segno dei tempi che cambiano, di quella globalizzazione che ci ha reso cittadini del mondo.

Penso alle persone care che riposano in luoghi lontani, zia Rosa a New York e zio Gigino a Caracas. Lì ci andai, con mio fratello accompagnammo zia Ofelia e Antonella nella loro visita settimanale e fui avvolto da un profondo senso di tristezza nel leggere il nome di un mio stretto familiare, un cittadino pollese, sulla lapide di un cimitero in una lontana città del Sudamerica. All'ingresso del parcheggio sosta un'auto della polizia con due uomini a bordo, un altro paio di persone in divisa, poco più che ragazzi, trovano riparo dal sole sotto gli alberi seduti su sedie di fortuna. Aspettano pazientemente che passi il loro turno senza far niente se non resistere al caldo opprimente ed alla noia, pagati per dare una immagine di potenza e di ordine in uno Stato debole e disordinato. All'interno praticamente ovunque persone in divisa che ti indicano dove puoi e dove non puoi camminare. La costruzione più imponente è la tomba di Josè Martì, eroe nazionale, poeta, scrittore e leader del movimento indipendentista dell'allora colonia spagnola. Le sue spoglie sono ospitate in un solenne mausoleo costituito da una torre merlata a pianta esagonale con alla base un imponente apertura ad arco in ogni lato in modo che ad ogni ora del giorno il suo sarcofago ricoperto dalla bandiera cubana possa essere raggiunto dalla luce del sole. La scelta è ispirata a una poesia in cui Martì si augurava di non morire da traditore nell'oscurità ma con il viso rivolto al sole.

Yo quiero salir del mundo
por la puerta natural:
en un carro de hojas verdes
a morir me han de llevar.
No me pongan en lo oscuro
a morir como un traidor;
yo soy bueno, y como bueno
morirè de cara al Sol!

Il mausoleo è presidiato da un picchetto di soldati in alta uniforme, alcuni ai lati dell'ingresso altri all'esterno sotto moderne pensiline a sbalzo che futuristicamente sfidano la forza di gravità. Poco più a destra in un immenso monolite proveniente dalla *Gran Piedra* riposano le ceneri di Fidel Castro giunte qui da L'Avana dopo nove giorni di lutto nazionale ripercorrendo simbolicamente al contrario il percorso fatto dai rivoluzionari che nel 1959 avevano rovesciato la dittatura di Fulgencio Batista. Una grande pietra rotonda alta circa tre metri con una piccola targa con scritto Fidel. Tutto studiato nella sua semplicità per magnificare il *Lider Maximo* e *Comandante en Jefe* che non amava il culto della personalità ma considerava la morte come unica alternativa a se stesso e si preoccupava di designare suo fratello come successore alla guida di un Paese che più che comunista è stato e continua a essere castrista. All'interno il cimitero segue una pianta ortogonale con centinaia di imponenti tombe, molte in marmo bianco di Carrara adorne di angeli. Riconosco i nomi di Emilio Bacardì della dinastia dei produttori di rhum, Mariana Grajales madre di Antonio Maceo, Frank Paìs martire della rivoluzione, Carlos Manuel de Cèspedes padre dell'indipendenza, Compay Segundo dei Buena Vista Social Club.

Dopo la morte Roberto fu cremato, pratica assai diffusa qui, e le sue ceneri portate a casa di Doris in una piccola urna. Per alleviare il dolore della distanza ci mandarono in Italia una foto dell'urna posta su un tavolino circondata da fiori e bandierine di Cuba e del ventisei di luglio che i reduci avevano portato.

Fu proprio uno dei reduci a suggerire alla famiglia che il posto giusto per le ceneri di un ex combattente era nel cimitero monumentale all'interno del *Panteon Sierra Maestra – Combatientes de la Revoluciòn Cubana*.
Chiedo ad una delle guardie dove si trova e seguo la strada indicata fino quasi al termine del cimitero. Il Panteon a dispetto del nome altisonante è una semplice costruzione in cemento armato che ospita loculi e colombari disposte su tre o quattro file in altezza. Vi si accede attraverso una scalinata che conduce a un livello inferiore rispetto alla quota generale della maggior parte del cimitero. Tutto è semplice qui, dai portafiori ai nomi dei defunti, non c'è spazio alle ostentazioni come si conviene a dei combattenti, rivoluzionari che hanno lottato giovanissimi per un Paese migliore. Dopo un breve momento di raccoglimento torno indietro avviandomi verso l'uscita quando all'improvviso sento dagli altoparlanti una marcetta militare. Intravedo in lontananza i militari del corpo di guardia marciare, è la cerimonia del cambio di guardia, allungo il passo per andarla a vedere provando a tagliare tra le tombe per non perdere tempo ma le guardie inflessibili mi riportano a gesti sul percorso pedonale. Finalmente arrivo e mi posiziono di fronte alla cerimonia, non prima che l'ennesima guardia mi abbia fatto indietreggiare oltre la linea gialla. Sono l'unico spettatore e il più indisciplinato.
La cerimonia è molto bella, i militari in alta uniforme

marciano nel percorso tra l'edificio del corpo di guardia e la tomba di Antonio Maceo con un'andatura rigorosa e sincronizzata, tanto che a vederli di lato sembrano essere solo uno. Tra loro anche due donne dalla pelle mulatta e lunghi capelli neri, con la medesima divisa di alta uniforme ed il fucile con la baionetta.

Anfibi, pantaloni lunghi, camicia, giacca e copricapo, indossano anche i guanti bianchi mentre io in camicia a maniche corte e bermuda soffro di caldo solo a guardarli.

Al ritorno rifare la stessa strada è troppo scontato così mi sposto nell'interno in una direzione parallela. Allontanandomi dal cimitero la strada si fa sempre più dissestata fino quasi a scomparire tra grosse pozzanghere e marciapiedi divelti dalle radici degli alberi. Ai due lati grossi casermoni rettangolari tutti uguali ospitano come alveari centinaia di famiglie in uno dei tanti quartieri popolari e popolosi sorti nei decenni alle porte della città per dare risposta alle esigenze abitative della popolazione. Sono palazzoni prefabbricati dove tutto è cemento armato, dai pilastri alle travi, dai solai alle pareti. Sembrano tanti container allineati e accatastati uno sull'altro simili a quei quartieri sorti nei paesi vesuviani dopo il terremoto del 1980.

Li chiamano *Micro* seguito da un numero, questo dovrebbe essere il *Micro cinco* terminato il quale mi addentro nel *Reparto San Pedrito*. Non sono zone per turisti, nessuno ti tocca, ma non si sa mai, meglio evitare e io invece come al solito mi ci vado ad infilare.

La strada non la conosco, mai stato qui, però a occhio e croce la direzione per tornare a casa è quella giusta.

Vorrei tornare indietro e rifare la strada principale ma ormai ho camminato abbastanza e sotto il sole, sono già stanco e tornare indietro significherebbe sicuramente allungare.

Ad un certo punto come un'oasi nel deserto incomincio a scorgere in lontananza i grandi *machete* di *Plaza de la Revuluciòn* segno che sono vicino e le strade e i fabbricati ritornano ad essere familiari.

La piazza è una spianata immensa posta all'ingresso della città all'intersezione delle strade principali di accesso ed utilizzata per le grandi manifestazioni di interesse nazionale, pare che in occasione della messa celebrata da Giovanni Paolo II nella sua storica visita a Cuba abbia ospitato duecentomila persone.

Dall'altro lato della strada il *Complejo Monumentàl General Antonio Maceo* è un'opera enorme nella quale spicca una statua di bronzo raffigurante il generale a cavallo che con una mano invita il popolo a seguirlo nella lotta. Con i suoi sedici metri di altezza dovrebbe essere la statua più grande dell'isola, senza contare i sotterranei del gigantesco plinto che ospitano un museo. Il monumento è completato da ventitré mastodontiche barre di metallo variamente inclinate che rappresentano altrettanti machete evocanti il 23 marzo 1878 data della *Protesta de Baraguà* che diede inizio alla lotta di indipendenza dal governo spagnolo.

Dalla piazza ritornare a casa è facile, basta percorrere in salita *l'Avenida de Los Libertadores* fino all'Ospedale Provinciale *Saturnino Lora* alle cui spalle stiamo noi.

Lungo la recinzione dell'ospedale venditori ambulanti con i loro piccoli carrettini preparano fritture, panini, pizzette per lavoratori e visitatori che escono dalla struttura. Dall'altro lato della strada un piccolo negozio specializzato nella preparazione e vendita del *prù orientàl*, una bibita rinfrescante tipica dell'oriente cubano che si prepara anche in casa a partire da strane radici. Pare abbia origini francesi e innumerevoli virtù terapeutiche tra le quali l'abbassamento della pressione arteriosa. Lo bevevo anch'io quando Doris lo preparava in casa per poi rivenderlo ad una vicina *cafeterìa*. Il *negocio* però durò poco, era uno sforzo immane reperire le materie prime e fare la preparazione tra pentoloni perennemente sul fuoco e bottiglie di plastica che andavano e venivano in sporte pesantissime per un guadagno che alla fine era veramente misero. Mi allungo alla *gasolinera* dove c'è un piccolo negozietto che vende pochi prodotti ma è sempre fornito, e soprattutto sempre aperto. Per me prendo una bibita in lattina, ne ho proprio bisogno, per le donne di casa un paio di vaschette di gelato di cui tutti a Cuba sono patiti. Qui lo zucchero non manca di certo ma la pasticceria non va oltre il pan di spagna, sotto forma di torta (*cake*) o tronchetto (*brazo gitano*), i *pasteles*, biscotti di pasta sfoglia ripieni di conserva di *guava*, e i *flan*, crème caramel di cui esistono numerose versioni, al latte, cocco, arachidi e perfino zucca. Non saprei cosa scegliere e viro sul gelato che mette sempre d'accordo tutti, in vaschetta o in paletta, ultimamente è disponibile anche in cono.

Ci si aspetterebbe una gran varietà di gusti a base di frutta esotica ma abbondano il cioccolato, la vaniglia, il caramello, raramente la guayaba e la fragola.

Metto le due vaschette di gelato nella solita busta di plastica, che qui chiamano *cubalse* dal nome della catena di supermercati che per prima le distribuì, e mi affretto verso casa per arrivare prima che si sciolga.

5 PISCINA

Anche la giornata di oggi è iniziata con un buon affare, di buon mattino seduto nel *portàl* ho visto passare uno dietro l'altro numerosi venditori ambulanti di frutta e verdura fin quando mi sono deciso a scendere comprando tre *aguacate* e una *piña* alla stratosferica cifra di venti *pesos* corrispondenti ad una ottantina di centesimi di euro, in Italia avrei speso almeno dieci volte di più.

Oggi andiamo in piscina, un piccolo lusso che qui ci concediamo almeno una volta a settimana. Sembra un po' difficile da capire, essere su un'isola nel Mare dei Caraibi e andare in piscina suona come mangiare una pizza surgelata a Napoli, ma non è proprio così.

In Italia andare in piscina d'estate è un palliativo, una triste alternativa quando per un motivo o per un altro non puoi raggiungere il mare o peggio ancora quando il mare ce l'hai a portata di mano ma è inquinato, qui invece è un must, rappresenta il lusso e il tanto agognato capitalismo.

Il cubano non è propriamente amante del mare, del sole, della sabbia. L'abbronzatura non è certo una priorità in una terra bruciata dal sole dove per strada incontri donne con l'ombrello per proteggersi dai raggi ultravioletti e la gente procede in fila indiana sul marciapiede all'ombra mentre quello dal lato opposto è deserto.

Il cancro della pelle ha una forte incidenza per cui è frequente vedere persone interamente coperte anche con maglie a maniche lunghe nonostante il termometro sfiori i quaranta gradi.

Andare in spiaggia sarebbe alla portata di tutti, raggiungerla con i mezzi pubblici è molto economico, così come comprare qualcosa da mangiare dai numerosi venditori ambulanti. La piscina rappresenta invece un lusso, roba da capitalisti stranieri, possono permettersela solo i turisti o i cubani residenti all'estero e qui temporaneamente in vacanza.

Nella seconda città di Cuba le piscine si contano sulle dita di una mano, sempre a patto che non siano fuori servizio per manutenzione, mancanza di acqua, o per motivi sanitari, come misura di prevenzione in caso di qualche epidemia di colera, dengue, zika, casi non molto rari a queste latitudini e sono quelle dei grandi alberghi internazionali che oltre che ai loro ospiti consentono l'accesso giornaliero agli esterni.

L'appuntamento con Ciro ed una sua amica *periodista* è nella *hall* dell'Hotel Santiago, qui è di uso comune il termine *lobby* che forse è anche più corretto dal momento che non si tratta semplicemente di un'area di connessione ma dotata del banco reception, di altri servizi e di accoglienti poltroncine.

All'interno l'aria condizionata è a temperature glaciali, o almeno così ti sembra appena entri. Alla reception l'amara sorpresa, ho dimenticato il passaporto. All'estero bisogna sempre portarselo dietro, almeno una fotocopia, ma a volte me ne scordo. In realtà a Cuba non serve quasi mai, solo alla *cadeca*, una sorta di cambia valuta dove ogni settimana vado a cambiare qualche centinaio di euro, parte in *cuc* e parte in *moneda nacionàl*. Il termine *cadeca*, ottenuto dalla contrazione di *CAsas DE CAmbio*, è un esempio di quella volgarizzazione di un marchio aziendale che si verifica quando il nome di una azienda entra a far parte del gergo comune per indicare la denominazione generica del prodotto o del servizio, un po' come da noi è avvenuto con termini come fischer, jacuzzi, jeep, scotch o moka. Nessuno va in ferramenta a chiedere un tassello ad espansione ma un fischer, anche se questa sarebbe solo una marca tra le tante che li produce.

Allo stesso modo a Cuba si va alla *cadeca* per dire di recarsi all'ufficio di cambio ed i più ritengono sia il termine proprio. In ogni caso mai cambiare per strada, in nessuna parte del mondo, la truffa è sempre garantita, cambiano solo le modalità.

Oltre che per la *cadeca* qui il passaporto serve per l'ingresso alle piscine e discoteche degli alberghi internazionali come l'Hotel Santiago dove siamo oggi.

Senza passaporto non c'è verso di entrare, mi tocca andare a prenderlo a casa e ritornare. Fuori dall'hotel contratto un *motorista* che mi accompagna a casa e riporta in hotel per una decina di *pesos moneda nacionàl*. I *motoristi* sono una alternativa al taxi molto in uso nella popolazione locale. Sono ragazzi in sella a una motocicletta che ti accompagnano dove vuoi a un costo molto accessibile anche ai residenti. Guidano motociclette degli anni Ottanta di marchi imprecisati tra i quali riconosco solo le Suzuki, moto che il più delle volte non sono di loro proprietà ma per le quali pagano un fisso mensile a prescindere dagli incassi effettivi che restano a loro, così come le spese di carburante. Lavorano per l'intera giornata sotto il sole cocente per questo sono interamente coperti con pantaloni lunghi e maglie a maniche lunghe, una bandana sul viso per lo smog, un casco in testa e uno al gomito da offrire al passeggero di turno. Sono caschi aperti, del tipo di quelli dei giocatori di baseball (*peloteri*), nel malaugurato caso di un incidente non ti salverebbero da niente, ma bisogna indossarli. Non amo molto andare in motocicletta, men che meno nel traffico disordinato di Cuba, per non dire che me la faccio sotto, ma in casi di emergenza mi tocca farlo, e che Dio me la mandi sempre buona.

Ritorno al *lobby* dell'hotel Santiago con il passaporto e riesco ad ottenere l'ingresso alla piscina. Oggi costa diciotto *cuc*, una quindicina di euro consumabili al ristorante, nel senso che è compreso il pranzo e un paio di bibite in lattina, oltre al lettino ed al telo mare. Tutto sommato economico rispetto ai nostri standard ma pur sempre equivalente ad uno stipendio medio mensile locale. In effetti in questi Paesi la piscina di un albergo internazionale è una sorta di oasi nel deserto. Per un giorno intero hai tutte le comodità a portata di mano, sole, ombra quando vuoi, doccia, servizi igienici, musica di sottofondo, bevande fresche e un esercito silenzioso e discreto di camerieri pronti a soddisfare ogni tua esigenza.

I camerieri, una cosa che mi ha colpito sin dal primo viaggio a Cuba è la compostezza, la dignità del personale dei grandi alberghi. Camerieri, baristi, chef, receptionist, qui vengono tutti dalla scuola alberghiera, composti ed orgogliosi nella loro divisa con il nome inciso su un targhettino metallico. I più anziani sono delle vere e proprie istituzioni, te li ritrovi anche a distanza di un decennio nello stesso albergo, di giorno in piscina o di notte in discoteca. Dotati di una memoria elefantiaca, riescono a ricordarsi anche di me. Tra migliaia di stranieri che vedono passare ogni anno si ricordano dell'italiano e soprattutto di Damaris, *"la rubia que modelaba alla Maisòn"*, memori di un'epopea, quella degli anni Novanta in cui le cose andavano meglio, o forse andavano nella stessa maniera ma erano tutti più giovani e con tante aspettative.

Questi immortali dall'età imprecisata si trasformano in un lasciapassare, un passe-partout che apre tutte le porte per attraversare quei piccoli ma fastidiosi imprevisti che affliggono la vita del turista in vacanza a Cuba. In piscina quando ombrelloni e lettini sono tutti occupati te ne recuperano uno in magazzino o a mali estremi quello del bagnino. In discoteca come dei prestigiatori ti fanno apparire un tavolo anche quando non c'è e a fine serata riescono finanche nell'impresa di recuperarti un secchiello di ghiaccio quando tutti i tavoli sono senza perché al bar lo hanno finito anche a costo di mandare qualcuno fuori a prenderlo in qualche altro bar. Il tutto chiaramente al costo di una meritata mancia di un paio di *cuc* che è pur sempre il doppio della paga giornaliera.

La giornata in piscina scorre tranquilla, con una temperatura esterna di trentotto gradi centigradi stare a mollo in acqua è un vero sollievo per il corpo e per la mente. La musica è poco invadente, il servizio attento, la *comida* buona come sempre anche se ripetitiva. Le stesse identiche cose che mangeresti anche a casa, nessuno spazio alla fantasia, ma la materia prima è quella che è.

I clienti sono gli ospiti dell'albergo, quelli che non sono usciti per le escursioni, o qualche turista che alloggia in *casa particulàr* e ha rimorchiato qualche ragazza la sera prima. In ultimo le famiglie miste di cubani che vivono all'estero, in Spagna, in Italia o negli angoli più remoti del pianeta.

La piscina chiude alle diciotto e ritorniamo a *Sueño,* una quindicina di minuti a piedi ma il sole è calato e la passeggiata è piacevole.

Giunti a casa, in attesa che si liberi la doccia me ne vado nel *portàl* a dondolarmi sul *balance* sfogliando la *Bohemia* e buttando un occhio giù in strada dall'alto della mia postazione privilegiata. Ho sempre letto di tutto, dai libri ai quotidiani, manuali, riviste di cronaca nera dal barbiere o scientifiche dalla dottoressa, qualsiasi cosa che mi capita davanti merita almeno di essere sfogliata. In vacanza ne approfitto per dedicare più tempo alla lettura, abbastanza sacrificata nel corso dell'anno, così nelle vacanze italiane faccio incetta di quotidiani, inserti, supplementi e qualche buon libro.

Qui a Cuba invece non porto niente con me, mi adatto a quello che trovo sia per perfezionare la padronanza dello spagnolo che per capirne di più sul Paese. Il quotidiano mi arriva ogni giorno direttamente in casa, anzi nel *portàl*, lanciato dalla strada da un ragazzo in bici dopo averlo arrotolato e legato con un pezzettino di cavo elettrico.

Non c'è alcuna scelta da fare, il quotidiano è il *Granma*, organo ufficiale del Comitato Centrale del Partito Comunista di Cuba, con le sue varianti *Juventud Rebelde* per i più giovani e *Sierra Maestra* per la provincia di Santiago, la *Bohemia* è invece un magazine quindicinale di approfondimento. I contenuti seguono ogni giorno lo stesso schema, per gli interni c'è sempre qualche eroe da commemorare, qualche anniversario, qualche episodio della storia nazionale da rivivere. Ogni giorno la riunione di uno dei comitati politici provinciali o nazionali o di qualche altro organismo governativo, un report sul sistema scolastico o sanitario o sul fabbisogno abitativo, temi molto cari al Governo. Per gli esteri la riunione di qualche organizzazione dei Paesi latini o di quelli caraibici, molto uniti tra di loro, l'omaggio a qualche lontano Stato Estero accomunato dalla politica anti statunitense, dalla Korea all'Iran, dal Vietnam all'Angola, qualche articolo su Trump, sulla mancanza di diritti civili negli USA o su presunte azioni destabilizzatrici in Venezuela o in Siria. In tema economico l'enfasi sulla inaugurazione o ristrutturazione di qualche industria strategica, che sia nel settore energetico, in quello produttivo, o in campo agricolo o zootecnico, preoccupazioni per il cambio climatico, raccomandazioni alla popolazione sul consumo di acqua, sulla corretta gestione dei rifiuti e sul risparmio energetico. Non mancano le linee guida da seguire nell'affrontare l'emergenza sanitaria del momento, che sia il dengue o il colera, la zika o la malaria. Nelle ultime pagine approfondimenti culturali sulla letteratura, la musica o la danza e sugli sport più in voga, il baseball a livello locale, atletica leggera, pugilato e lotta greco romana per gli avvenimenti internazionali, discipline minori in cui però gli atleti cubani fanno sempre incetta di medaglie. Molto interessante una rubrica settimanale in cui vengono pubblicate le mail dei lettori che lamentano un qualche disservizio subito nella gestione della cosa pubblica. Le storie vengono pubblicate unitamente alla replica del funzionario a capo dell'organo coinvolto che riferisce sulla indagine interna effettuata e in caso di acclarata responsabilità di qualche sottoposto riporta, con tanto di nome e cognome, le misure adottate che variano dalla decurtazione per qualche mese dello stipendio al declassamento fino a giungere alla perdita del posto di lavoro nei casi più gravi.

Certo è una informazione di parte, un po' edulcorata nei confronti della reale situazione del Paese o quantomeno molto ottimista sulla sua risoluzione in tempi più o meni brevi. D'altro canto la controinformazione è affidata soprattutto a testate digitali edite dalla comunità cubana a Miami, molto di parte anche esse, se non di più fino a dover dubitare a volte della veridicità delle notizie diffuse.

Dopo cena usciamo di nuovo, parlare della *Maisòn* ci ha lasciato un po' di nostalgia e stasera è previsto il *desfile* così abbiamo deciso di andarci. Anni fa lo spettacolo era quotidiano, da un po' di tempo a questa parte si tiene solo a giorni alterni per mancanza di turisti.

La *Maisòn* è una *casona*, come dicono qui, una grande villa bianca in stile coloniale ad un solo piano, con un ampio portico lungo tutto il perimetro ed un rigoglioso giardino circostante molto curato. Si trova nel quartiere più esclusivo di Santiago, quel *Vista Alegre* dove prima della rivoluzione risiedevano le migliori famiglie di imprenditori e notabili. Pare che in fondo ad una delle vie del quartiere vi sia anche la dimora di Raul, ma come tutto quello che li riguarda anche questa informazione è circondata da un alone di mistero. Per Raul naturalmente si intende Raul Castro, il cognome è superfluo così come lo era per il fratello Fidel.

Requisita dallo Stato la *Maisòn* venne destinata negli anni Novanta ad una particolare attività a metà tra il turistico e il commerciale. Il nome rimanda ad una casa di moda ed in effetti all'interno degli ampi saloni liberty sono esposte e vengono vendute le collezioni di stilisti locali, emergenti o già affermati. Non mancano un servizio bar e ristorante ma il pezzo forte è il *desfile*. Nella parte sinistra del giardino è stata realizzata una passerella sopraelevata in calcestruzzo che parte da un locale accessorio laterale al bar per costeggiare il muro perimetrale per una ventina di metri. Dietro un sipario fisso aperto su due lati si trovano i camerini dai quali ogni sera alle dieci in punto appare una presentatrice con una parrucca di capelli corti lisci ed un viso alla Whitney Houston per annunciare l'inizio della sfilata. Le negre qui hanno capelli corti e ricci, molto crespi, quando crescono diventano un cespuglio indomabile e siccome ambiscono ai capelli lunghi e lisci ricorrono ad improbabili parrucche.

Una ventina di tavoli da giardino in pesante ferro battuto rappresentano il parterre occupato da coppie cubane in vacanze e turisti stranieri accompagnati o meno.

Sulla passarella si sono avvicendate in un paio di

decenni le più belle ragazze di Santiago e provincia in un caleidoscopio di razze e colori. Sfilano con gli abiti delle collezioni della stagione, vestiti eleganti, capi casual e costumi da bagno. Non mancano intermezzi canori e spettacoli di magia, a volte un ventriloquo o qualche imitatore, ed esibizioni del corpo di ballo con tanto di ballerini e coreografo professionisti e con la partecipazione nelle coreografie più semplici delle modelle più capaci. Come nelle migliori tradizioni il coreografo è un piccolino stile don Lurio di nome Freddy, negro e con i capelli corti e bianchi. Ormai settantenne, è una vera e propria istituzione, l'unico rimasto qui sin dagli inizi mentre di modelle e ballerine ne sono passate già un paio di generazioni poi sparsesi per il mondo come in una diaspora. Inutile dire che gli abiti non li guarda nessuno, tutta l'attenzione è per le modelle, alte, eleganti con lo sguardo fiero diretto verso un punto imprecisato del giardino, mai verso il pubblico. Qui ha lavorato per un decennio anche Damaris a partire dall'inaugurazione tanto è che ancora oggi rivendica con orgoglio il suo ruolo di *fundadora*. La serata non si preannuncia delle migliori, qualche lampo all'orizzonte non fa presagire nulla di buono ma ci vestiamo fiduciosi. Il tempo di salire in auto e arrivare e il preannunciato temporale fa annullare la sfilata per cui andiamo via senza neanche entrare.

Ormai siamo usciti e indecisi sul da farsi optiamo per il *Cafè Santiago*, la discoteca dell'hotel nel quale oggi siamo stati in piscina. Anche qui le serate si sono ridotte a due o tre alla settimana e nonostante questo non c'è molta gente. Qualche ospite dell'albergo, qualche turista, qualche famiglia di cubani residenti all'estero e la solita multietnica gioventù fatta di ragazzi alti e muscolosi e ragazze su tacchi vertiginosi. Tacco dodici con plateau, a volte anche quindici, portato con disinvoltura anche ballando. La donna cubana non ha mai perso la sua sensualità, non l'ha sacrificata per competere con l'uomo in una battaglia di genere, non ha avuto bisogno di smettere di essere femmina per scalare i vertici della società. *"La donna è la rivoluzione nella rivoluzione"* questa frase di Fidel sintetizza la situazione femminile a Cuba. Presenti già ai tempi della guerriglia, non nelle retrovie a portare pasti o messaggi ma in prima fila a sparare con il fucile, le donne qui sono state sempre in prima linea e protagoniste delle vicende storiche. Nel settore statale le trovi dappertutto, anche in ruoli apicali, in numero pari ai maschi se non maggiore come certamente avviene nell'istruzione, nella sanità, nell'avvocatura e nella magistratura. Sorprendente è la presenza nell'Assemblea Nazionale nel Consiglio di Stato, quasi al 50% che proietta Cuba ai vertici della classifica mondiale per la presenza femminile in parlamento, in Italia siamo da poco giunti, e con non pochi problemi, al 30%. In questo il sistema socialista ha raggiunto il suo scopo, non c'è lotta di classe né di genere e se in qualche contesto familiare persiste ancora qualche forma di machismo, non è mai violento o repressivo.

Fino a qualche anno fa ogni sera qui era una *fiesta*, il locale era sempre pieno e ci trovavi il meglio della gioventù locale e il meglio dei turisti. Per avere un tavolo dovevi riservarlo dal pomeriggio o mandare qualcuno in prima serata ad occuparlo, solitamente il nipote più giovane, appena maggiorenne, ben disposto a fare questo piccolo sacrificio ricompensato dalla possibilità di poter finalmente entrare al *Cafè Santiago*.

Questo è uno di quei posti in Italia e all'estero dal quale credo di non essere uscito mai sobrio, ma qui bisogna conservare almeno un minimo di lucidità e di equilibrio sulle gambe perché all'uscita c'è uno scalone tanto scenografico quanto ripido e pericoloso. Una volta ci incontrai un lottatore greco-romano fresco di vittoria della medaglia d'oro ai giochi olimpici di Rio de Janeiro, Ismael Borrero Molina, un mulatto di un metro e sessanta per sessanta chilogrammi di muscoli. Chiaramente non se lo filava nessuno tranne il deejay che dalla consolle annunciò la sua presenza ed io che gli andai a stringere la mano perché qualche giorno prima avevo letto sul *Granma* un articolo su di lui.

Con l'ingresso sono comprese due consumazioni, poi con una dozzina di *cuc* prendiamo una bottiglia di *anejo blanco* che viene servita con due lattine di TuKola, la risposta cubana alla Coca-Cola, e un cestello di ghiaccio, tutto l'occorrente per bere un altro paio di *cubalibre* a testa dopo i quali andiamo via. È il cocktail cubano per eccellenza, semplice da preparare e dissetante, qualcuno lo chiama *la mentira* (la bugia) per sottintendere che Cuba non è libera. Ha ormai preso piede in tutto il mondo unitamente al *mojito* che con l'utilizzo di zucchero di canna, lime e *hierbabuena* ha un fascino certamente più esotico. In realtà ci sarebbe anche il *daiquiri* che deve la sua fama al fatto di essere tra i cocktail più amati da Ernest Hemingway ma a berlo sono in pochi.

Nella scelta io adotto uno schema molto semplice, *mojito* di giorno e *cubalibre* di sera, in piscina o al mare *cerveza* o tutt'al più *piñacolada*.

La nottata si conclude sempre con qualcosa da mangiare, non dolce come da noi dove impazzano cornetterie e creperie ma salato, qui badano al sodo per cui ci spostiamo al *Wamby* dove vendono panini preconfezionati e bevande mentre all'esterno c'è sempre un carrettino che vende panini con *pierna asada*, una coscia di maiale alla brace dalla quale tagliano due o tre fette con cui farciscono il pane insieme a un po' di *cuero* se lo chiedi e un intruglio di olio, succo di limone, aglio, pepe e altre spezie varie. Chiaramente per farlo scendere giù ci vuole una *cerveza* che compriamo all'interno facendoci largo in mezzo ad un'accesa discussione tra due improbabili travestiti che litigano urlando tra le risate dei giovanissimi presenti.

6 CUMPLEAÑOS

Per festeggiare il compleanno del piccolo Fabio, il mio figlioccio, suo padre Alejandro ci ha invitato tutti a casa sua. Con la sua *cafetería* è l'unico *cuentapropista* in famiglia e questo gli dà un minimo di benessere economico tale da potersi concedere qualche piccolo lusso capitalista. Oltre tutto anche la moglie Milena lavora, come medico specialista al vicino ospedale oncologico, anche se sugli stipendi dei medici cubani ci sarebbe da scrivere un capitolo a parte.

Battezzare i neonati è una pratica moderna affermatasi negli ultimi tempi dopo una cinquantina d'anni di ateismo di Stato per cui sorge sempre il problema di trovare il padrino o la madrina, dal momento che la quasi totalità degli adulti non è battezzata. Fu così che quando doveva essere battezzato il piccolo Abram fu scelto come padrino Gennaro che, avvisato per tempo, portò con sé dall'Italia il certificato di idoneità da esibire al prete. A quest'ultimo nell'incontro che precedette di qualche giorno la cerimonia non parse vera l'opportunità di fare altri proseliti per cui caldeggiò il battesimo anche per la neomamma Natalie per la quale come padrino fui designato io, poco importava che non avessi alcun certificato e, cosa più grave, che fossi divorziato e convivente. Già che eravamo in tema di festeggiamenti ricevettero il battesimo anche le piccole sorelle di Natalie, Adriana e Alejandra, cosi che io e Gennaro in un colpo solo acquisimmo due figliocci ciascuno. Il terzo per me, dopo qualche anno, fu Fabio che oggi festeggia il compleanno, almeno posso rivendicare il merito di aver contribuito a diffondere la nostra religione sull'isola.

Oltre al *familiòn* al gran completo sono invitati tutti i bambini del *barrio*, che siano o meno amici o compagni di scuola del festeggiato, in una sorta di mutuo soccorso in cui si condivide con i vicini quello che si può.

Mentre i bambini giocano in una stanza, nell'altra tutti gli adulti siedono lungo il perimetro a bere e mangiare. La pietanza principale è la *pierna asada* una grande coscia di maiale al forno servita a fette, accompagnata dall'immancabile *congrìs,* dai *tostònes* e dalla *yuca*. Il *congrìs* è il piatto principe della cucina cubana, non manca mai in qualsiasi città del nord o del sud, in qualsiasi famiglia ricca o povera, e almeno tre o quattro volte alla settimana, un po' come la nostra pasta al pomodoro. Essenzialmente è un piatto a base di fagioli neri e riso, da cui anche il nome di *moros y cristianos*, molto diffuso nell'area caraibica e in Sudamerica dove assume nomi diversi a seconda del Paese. Sulla descrizione della ricetta non mi cimento perché ogni cuoca cubana ha la sua versione e le discussioni sulle diverse modalità di preparazione e sui diversi ingredienti sono interminabili.

I *tostònes* o *chatìnos* sono pezzi di platano verde fritti due volte, una prima volta a tocchetti dello spessore di un paio di dita, una seconda volta dopo essere stati schiacciati e ridotti a dischi dello spessore di mezzo centimetro o meno.

La *yuca* sarebbe la manioca o tapioca, un tubero molto ricco in amido, di forma affusolata lungo anche mezzo metro o più. Ha una scorza dura e legnosa di colore marrone e rugosa mentre all'interno la polpa è compatta e di colore bianco o giallastro. Per lo più la si mangia *hervida* e condita con un *mojo*, un intingolo base di olio, aglio e spezie varie.

Il piatto unico che costituisce il pasto cubano, pranzo o cena che sia è fondamentalmente questo: carne, riso, frittura, una *vianda* bollita o un'insalata. La carne è essenzialmente pollo o maiale, mai vacca per una cronica carenza di allevamenti bovini, il riso bianco o con fagioli o altri legumi. Il pesce mai, pur essendo su un'isola difficilmente lo troverete in famiglia, solo al ristorante o sulla spiaggia. È un'altra di quelle contraddizioni difficili da comprendere se non inerpicandosi lungo il sentiero di infinite discussioni politico-economiche.

Il primo ad essere servito è lo straniero, cioè io, poi gli anziani ed i bambini, alla fine uomini e donne come in tutti i pranzi di famiglia che si rispettino. E sono anche uno dei pochi a cui è riservato l'uso del piatto in ceramica e delle posate in metallo, la maggioranza si adatterà con piatti e posate in plastica dura da riciclare lavandoli e conservandoli per la prossima occasione. Non è coscienza ambientalista, tutt'altro, quanto necessità economica, il monouso essendo come quasi tutto qui di importazione è a volte introvabile oltre che molto caro.

Le birre non si contano, in una riunione familiare del genere se ne possono far fuori anche cinque o sei casse. Per fortuna si tratta di birre leggere e molto dissetanti. Volendone giustificare l'alto consumo direi che è strettamente correlato al gran caldo e alla necessità di reintegrare liquidi e sali minerali. Il problema principale è riuscirne a trovare la quantità necessaria nei negozi, portarle a casa e in ultimo tenerle al fresco. Frigo e congelatori sempre strapieni e alla massima potenza sbuffano per il gran caldo come bisonti e bisogna ricorrere a qualche grande recipiente con acqua e blocchi di ghiaccio, altra merce di difficile approvvigionamento dal momento che bisogna comprarlo in fabbrica e portarlo a casa all'interno di qualche sacco di juta. Operazioni essenziali perché qui la birra se non è gelata ti dicono che è *calentòna* e non la beve nessuno. Anche sulla birra esistono dispute secolari, sulla supremazia della *Cristàl* o della *Bucanero* che sono i maggiori marchi. Io bevo la *Hatuey* in bottiglia, prodotta direttamente qui a Santiago, più leggera oltre che più economica e sopratutto facilmente reperibile.

Prende il nome da un *cacique* dei Taini, un capo tribù della prima popolazione amerindia, considerato il primo eroe nazionale cubano per aver guidato la resistenza contro i *conquistadores* spagnoli. Catturato e condannato a morte, fu arso vivo rifiutando il battesimo al prete che voleva convertirlo al cattolicesimo in punta di morte e l'immagine del suo profilo oggi campeggia sulle etichette della birra oltre ad essere il logo dei sigari Cohiba. Oltre alla sua figura delle civiltà precolombiane qui non c'è traccia se non in qualche sporadico sito archeologico o in qualche ricostruzione museale a scopo turistico. Annientati dai colonizzatori spagnoli e sterminati dalle malattie che questi portavano con sé, non hanno praticamente lasciato discendenti né un'eredità culturale tale da generare sentimenti d'identificazione nel popolo cubano. Non hanno goduto nella storia della popolarità dei Maya o degli Aztechi, né generato il fascino letterario e cinematografico degli Apache o dei Mohicani, sono letteralmente scomparsi, se non fosse per l'etichetta della birra e dei sigari e per qualche souvenir intagliato nel legno.

Non può mancare il dolce, una fetta di torta che qui viene servita accompagnata da un bicchiere di insalata fredda di pasta, simile alla nostra insalata di riso ma a base di spaghetti, maionese, prosciutto cotto, olive, ananas e formaggio gouda. Non mi chiedete il perché dell'abbinamento tra torta e insalata di pasta, non lo ho ancora capito, anzi dopo tanti anni ho finanche smesso di chiedermelo.

Anche qui è giunta la consuetudine di preparare feste e torte a tema, riccamente decorate con i personaggi dei cartoni stampati sulle ostie o modellati con pasta di zucchero. Quando ancora questi prodotti non erano arrivati le decoravano ugualmente ma ponendo sulla torta direttamente qualche giocattolino di plastica, nel segno del tipico *invento cubano* che consiste in quello che noi chiameremmo "fare di necessità virtù".

Per un paio d'ore i bambini vengono intrattenuti dalla *payàsa* una sorta di animatrice, una ragazza volenterosa e intraprendente che appare all'orario stabilito con il suo borsone pieno di giochini e travestimenti per poi trasformarsi in un clown e per una decina di euro tenere impegnati i bambini con giochi e canzoncine.

Per i piccoli il momento più atteso è l'apertura della *piñata*, una scatola di cartone a forma di torta o castello, riccamente decorata, vuota all'interno e dotata di un'apertura sul fondo. La si prende in fitto in un piccolo negozietto di *Enramadas* grande quando un portone, specializzato in oggettistica per feste, e la si restituisce il giorno dopo la festa. Una volta a casa la *piñata* viene riempita di caramelle, lecca lecca, qualche matita o pennarello, e altri piccoli oggetti che possono far felici i bambini, ed infine appesa al soffitto. Una volta che i bambini si sono disposti in circolo sotto di essa, tirando una cordicella viene aperto il fondo della *piñata* dal quale cade una pioggia di regali per i bambini che si scatenano alla loro ricerca.

Come nella vita di tutti i giorni c'è sempre quello più vispo che riesce a raccoglierne di più, magari seguendo le indicazioni dei genitori che gli indicano qualche oggetto caduto sotto una sedia o dietro una tenda e immancabilmente c'è quello più timido o meno sveglio che resta a mani vuote per poi scoppiare in un pianto dirotto. Serviranno lunghe trattative e opera di diplomazia per ridistribuire i regali in modo che ognuno dei bambini possa ritornare a casa con qualcosa.

Dopo il pranzo la festa continua ad oltranza, vanno via solo i bambini del *barrio* e i familiari più alla lontana. Le donne di famiglia hanno portato un ricambio per mettersi più comode mentre io con scarpe chiuse, pantalone lungo e *guayabera* comincio ad avere un po' caldo, sarà pure l'effetto della birra. La scelta dell'abbigliamento ai Caraibi o in America Latina è fondamentale, da essa, complice il caldo, può dipendere la differenza tra una splendida giornata ed un incubo senza fine. Ricordo ancora una sera, seduti ad un tavolo nel giardino della *Maisòn*, Gennaro grondava sudore da tutti i pori e il nostro amico, tassista, guardia del corpo, animatore, dj, procacciatore di tavoli e ghiaccio che gli diceva *"Compay este pullover te está asesinando"*. Qui bisogna dimenticare jeans e pantaloni attillati, capi sintetici e camicie a maniche lunghe arrotolate fino al gomito.

Dopo tanti anni ho riscoperto le camicie a maniche corte e in lino, come quelle che usava mio padre rigorosamente con il taschino per il pacchetto di sigarette. Di ritorno dal mio primo viaggio a Cuba corsi a farmene cucire quattro su misura e ancora oggi sono loro a salvarmi dalla canicola nelle uscite serali. Di giorno uso le t-shirt in cotone, in casa rigorosamente a torso nudo o in canottiera, un altro capo di abbigliamento che ho dovuto rivalutare, così in voga da noi negli anni Settanta per poi venire completamente abbandonato. Per le feste importanti invece comprai in aeroporto due *gauyabere*, una bianca e una celeste, che indosso solo nelle occasioni importanti nel compiacimento generale dei presenti, poco abituati a vedere uno straniero indossare il loro capo di abbigliamento tradizionale. La *guayabera* è una camicia a maniche lunghe o corte, generalmente bianca o caki, caratterizzata da due file verticali di piccole pieghettature cucite strettamente insieme e quattro tasche sul davanti perfettamente allineate. Leggermente più lunga di una camicia normale, è concepita per essere portata fuori dai pantaloni, scendendo dritta sui fianchi come fosse una giacca. Capo tradizionale per i maschi cubani di una certa età, è molto diffusa nell'America Latina e stranamente anche in alcune regioni asiatiche come Indonesia e Filippine. Sulla primogenitura ci sono le solite contese tra paesi confinanti, quanto al nome qui si racconta di una povera sarta di campagna che cuciva al marito sempre camicie con grandi tasche in modo che la sera al rientro dai campi del padrone potesse portare a casa qualche *guayaba*.

Per andare a cambiarmi devo attendere il rituale delle foto con la torta. Sfilano a uno a uno tutti i nuclei che compongono il *familiòn*, a cominciare dai nonni per poi proseguire con zii e cugini.

Mi colpisce l'immagine di Milena al centro dietro la torta con ai lati i due figli nelle braccia dei due diversi padri. In fondo è una scena naturale, dovrebbe essere la normalità per una famiglia allargata eppure resto un po' perplesso immaginando una delle nostre feste in cui spesso il genitore separato non si presenta per evitare l'incontro con il nuovo partner dell'ex coniuge o lo fa a mala voglia e solo per non far dispiacere il bambino e naturalmente posizionandosi dietro la torta da solo con il festeggiato al momento di fare la foto. Modelli di comportamento che francamente potremmo evitare ma che invece sono diventati di uso comune in una società che si professa moderna ma in alcune cose a ben vedere molto medioevale. C'è qualcosa che non va nel nostro modello di famiglia o di unione in genere, una conflittualità che non riesco a comprendere ma del resto presente anche in altre sfere oltre a quelle affettive.

Torno a casa a cambiarmi, una quindicina di minuti a piedi sotto il sole con in tasca la chiave di casa stretta come fosse una reliquia per paura di perderla.

Per uscire passo dalla pizzeria, oggi chiusa per

l'evento, e attraverso la strada portandomi subito all'ombra. Sul retro dell'ospedale oncologico i soliti venditori di scarpe allineate in file verticali in un espositore in legno. Come sempre butto un occhio, alcune sono artigianali e sembrano di buona fattura, colori predominanti il cuoio e il bianco, prima o poi comprerò un paio di mocassini.

Al *Dieciocho Planta de Martì* all'ombra degli alberi anziani contadini espongono direttamente per terra i loro prodotti, piccoli tuberi di zenzero, avocado, e banane.

Attraverso tra i gas di scarico dei camion e delle motociclette con un'occhiata a destra e sinistra, non è che qui ci sia molta considerazione dei pedoni, meglio stare attenti.

In *calle A* i camion per il trasporto di persone in partenza per il *Caney* e *Boniato* che sono le aree rurali più prossime alla città e dalle quali oggi giorno si riversano a Santiago migliaia di lavoratori e venditori ambulanti. Sono vecchi camion Ford degli anni '50 con la cabina dalle forme rotonde e allungate e cassone telonato. Da noi sarebbero idonei al trasporto di merci o cavalli ma qui caricano decine di persone stipate, quelle fortunate siedono su panche di legno, gli altri in piedi aggrappati all'intelaiatura metallica che regge il telone di copertura.

Sopperiscono alla carenza di trasporto pubblico verso le aree rurali e stante l'enorme richiesta sono una sicura fonte di guadagno per imprenditori privati che non si fanno scrupolo di viaggiare con un carico di persone superiore alla capienza consentita.

Ritenuti pericolosi per la presenza a bordo di borseggiatori, lo sono ancora di più se si pensa alla sicurezza. La condizione delle arterie stradali nelle vie periferiche, la scarsa manutenzione dei mezzi e l'eccessivo carico causano ogni anno sull'isola migliaia di incidenti anche con gravi perdite.

È la prima volta in dieci anni che torno a casa da solo senza nessuno lì ad aspettarmi. Aprire il portone è più difficile del previsto, la serratura è difettosa e non vorrei spezzarci la chiave dentro. Comincio a sudare, è già qualche minuto che provo a girare la chiave con una mano e a spingere o tirare la porta con l'altra, mi arrendo e scendo in strada a chiedere aiuto al vicino del piano di sotto, un ragazzo che vedo tutto il giorno armeggiare nel cofano di un'auto o disteso sull'asfalto sotto il motore.

Lui naturalmente ci riesce al primo tentativo, sono salvo, vado a farmi una bella doccia e riposare un'oretta sul letto con l'aria condizionata in modalità polo nord.

All'improvviso dopo un po' suona il telefono di casa, da lì mi chiamano temendo che non ritornassi più alla festa. Mi ripresento in infradito, pantaloncino e maglietta. Siamo rimasti in pochi, i parenti più stretti e più giovani e pochi bambini, solo quelli di casa.

Continuiamo mangiando qualche avanzo del pranzo mentre la *piñacolada* ha preso il posto della *cerveza*. Chiaramente la mia, una dopo l'altra, è quella più carica di alcool, non so se per una forma di rispetto o perché mi hanno eletto come vittima sacrificale, fatto sta che finisco la serata a petto nudo in una gara di limbo e raeggeton sfidando nipoti più giovani di me di una trentina d'anni mentre i restanti in cerchio battono le mani o fanno riprese col cellulare.

7 BUEYCABON

Come spesso capita alle grandi città di mare Santiago non ha spiagge, o almeno non ne ha nelle immediate vicinanze. Più che sul mare la città si affaccia su una laguna caratterizzata da un porto commerciale circondato da insediamenti industriali e dal Cayo Granma, un isolotto abitato separato dalla terraferma solo da un centinaio di metri.

A qualche chilometro dalla città però si incontrano tutta una serie di piccole spiaggette, alcune selvagge altre con un minimo di installazioni statali che offrono i servizi turistici essenziali. La più famosa e frequentata è Siboney situata lungo la *carretera* di Baconao a meno di dieci chilometri dal centro abitato. Troppo affollata e commerciale per i miei gusti, scomoda per il fondale roccioso e le acque perennemente agitate, per questo ci manco da anni.

Pare che sul fondo del mare sia adagiato un grosso cavo sottomarino a fibra ottica che arriva direttamente dal Venezuela, un omaggio di Chavez che avrebbe dovuto garantire la connessione internet all'isola ma mai entrato in funzione perché nel mentre si realizzava quest'opera faraonica la sua tecnologia diveniva già obsoleta. Almeno questo è quello che mi hanno raccontato, perché su questo come su tante altre cose non vi è nulla di ufficiale ed è sempre meglio non fare tante domande in giro. All'estero, sopratutto in determinati Paesi, non bisogna mai dimenticare di essere ospiti e fare foto o domande su infrastrutture che sono considerate strategiche può portare a qualche spiacevole inconveniente.

Tornando alle spiagge ormai da qualche anno la nostra meta abituale è la spiaggia di Bueycabòn dall'altra parte della città verso ovest.

Vi si arriva dopo una quindicina di chilometri uscendo da Santiago dalla parte del cimitero. Si attraversano una zona industriale con insediamenti obsoleti che fai a fatica a capire se in attività o meno e qualche *barrio* di recente urbanizzazione, periferia della periferia della città. Superato il *punto de contròl* la strada prende a salire con una lenta ma costante pendenza attraversando una zona rurale con case sparse qua e là e un paio di cantieri dove lo Stato sta realizzando i soliti moduli abitativi a due piani simili a container sovrapposti. Sul percorso incrociamo poche auto, qualche camion adibito a trasporto pubblico e qualche carrettino trainato da un cavallo, con ruote gommate e un paio di cd musicali sul retro come catarifrangenti.

Quando la strada raggiunge la costa compaiono

all'orizzonte una serie di manufatti in cemento armato, sono le strutture di Playa Mar Verde un complesso turistico realizzato negli anni Ottanta e già in stato di abbandono.

Giunti ad un curvone si intravede la spiaggia in basso sulla sinistra. Più che una spiaggia Bueycabòn è una piccola baia circolare quasi chiusa verso il mar dei Caraibi. Questa sua caratteristica geomorfologica unitamente al gioco di correnti che si formano appena all'esterno di essa fanno si che all'interno della baia l'acqua sia molto calda oltre che bassa praticamente ovunque, come in un catino. Tutto questo vale sino ad una linea immaginaria che segna il confine con il mare aperto, lì repentinamente il fondale degrada e l'acqua diviene fredda ma la cosa più preoccupante è la corrente di risacca che ti risucchia all'esterno rendendo difficoltoso il ritorno a riva. Me ne accorsi un giorno in cui nel corso della mia immancabile nuotata mi spinsi un po' oltre il pedagno con la bandiera rossa senza accorgermi del fischio del bagnino che mi invitava a rientrare verso riva. In realtà in tanti anni non mi ero neanche accorto della presenza di un bagnino.

Acqua calda poco profonda e fondale sabbioso ne fanno la spiaggia ideale per le famiglie con bambini. Prima ancora che la nostra auto sbuchi dal curvone, al solo sentirne il rumore uno sciame di persone si materializza all'orizzonte affrettandosi in direzione dell'auto seguendo avanti e indietro la manovra di parcheggio. Saranno i nostri angeli custodi per l'intera giornata pronti a soddisfare qualsiasi esigenza a cominciare dall'ombra e dai lettini. Gli ombrelloni di legno e foglie di palma sarebbero in realtà dello Stato ma praticamente li gestiscono loro fittandoli per un paio di *cuc* al giorno, lo stesso dicasi per qualche strampalato lettino o brandina che hanno recuperato chissà dove. Fanno questo tutti i giorni venendo all'alba dalla città e rientrando la sera con l'ultimo camion. Il ruolo del capo è assegnato a quello più spigliato che nel corso degli anni ha anche imparato qualche parola straniera indispensabile per poter contrattare con quei turisti che non parlano lo Spagnolo. Tutti gli altri sono la manovalanza, incaricati di andare a destra e a manca a reperire quello che ci necessita.

Nessuno di loro oserà parlare con noi per proporci qualcosa, tutto passa attraverso il capo. Ombrellone e lettini rappresentano solo l'inizio di una lunga e continua trattativa che ci accompagnerà per tutta la giornata. Neanche il tempo di sistemarci e il capo ritorna già all'attacco per chiederci del pranzo e delle bibite. Se pensate di trascorrere una giornata in spiaggia mangiando un panino e qualche frutto come siamo abituati a fare in Italia siete completamente fuori strada, in America Latina in spiaggia come in campagna e in qualunque altra occasione si mangia e si beve, ciascuno secondo le proprie possibilità, un po' come avveniva da noi negli anni Ottanta prima che la deriva salutista e nutrizionista si impadronisse delle nostre abitudini.

Ne ebbi la conferma anche in Venezuela quando all'isola di Margarita nel breve tragitto tra la casa e la spiaggia Gianni non mancò di fermarsi ad un chioschetto per farci fare colazione a base di *empanadas* fritte al momento ripiene di tonno o carne macinata, oltre a olive, uova sode e condimenti vari.

Il capo in realtà ci propone i piatti che preparano nei due ristorantini statali della spiaggia, evitandoci però il fastidio di doverci ricomporre, salire al ristorante, ordinare e attendere quei tempi biblici necessari qui perché un qualunque piatto arrivi in tavola anche se il locale è vuoto. All'ora prestabilita comparirà una brigata di improvvisati camerieri in fila indiana come all'apertura del banchetto di un matrimonio, preceduti da altri due che trasportano un tavolo in legno con due panche incorporate sul quale a stento troveranno posto i nostri piatti e quelli di portata con i vai contorni. Insalata di lattuga, pomodoro e cetriolo, *mariquitas*, riso bianco, sono al centro per tutti, varia il piatto forte, per me oggi un *pargo* alla brace, per gli altri *camarones enchilados*. La *langosta* che ultimamente in città scarseggia qui non manca mai, la pescano direttamente nelle acque esterne alla baia e la tengono in vita in nasse ancorate al fondo, può variare la pezzatura ma c'è sempre ed è quello che di solito mangio qui, qualche volta alla brace, anche se le carni restano un po' stoppose, più spesso *enchilada*, ossia in umido con una salsetta a base di pomodoro, peperoni, aglio, cipolle e spezie varie. Oggi però a sentir nominare il *pargo* non ho avuto dubbi, è uno dei pesci più buoni che abbia mai mangiato, una sorta di dentice rosso ma non ne sono sicuro. Quando abitavamo a *Vista Alegre* in una vicina pescheria ne comprammo un esemplare congelato tra i tre e i quattro chili che cucinammo alla piastra.

Alle bevande invece ci pensano un paio di donne sedute all'ombra di una palma con un secchio di plastica colmo di lattine immerse in acqua e ghiaccio. *Refresco de cola* o *de naranja* per i piccoli, *cerveza* per i grandi, l'acqua come avrete già capito a queste latitudini non è mai contemplata.

Il tavolo e le due panche sono un po' traballanti, realizzati con assi di legno di fortuna, i piatti in ceramica ma fai fatica a trovarne due uguali, posate in metallo, ci vuole un po' di adattamento ma il piacere di mangiare praticamente a riva senza muoversi di un passo non ha eguali. A voler essere pignoli l'unico vero inconveniente sono le mosche che si fiondano sui piatti senza darti tregua e qualche cane che si avvicina in attesa degli avanzi. Al termine del pranzo si presenta il capo brigata con un foglietto a quadretti dove ha annotato il conto, ombrellone, lettini, il pranzo dal ristorante e le bibite dalle signore, in quattro non arriviamo ad una quarantina di *cuc*, da saldare subito perché lui deve a sua volta saldare con il ristorante mentre con noi non ha ancora finito. Cominciano dopo il pranzo le offerte di mercanzia varia, dal rhum ai sigari che declino rapidamente non mostrando alcun interesse. Rifiuto più volte anche l'offerta di un carniere di pesci di piccola taglia variamente colorati che di tanto in tanto un mulatto con un bermuda di jeans recupera dall'acqua e porta in giro tra i bagnanti, con il prezzo che cala con il calare del sole. Sono invitanti ma non saprei come cucinarli e per di più me li immagino spinosi. In genere resisto a tutte le avances fino alle quattro e mezzo, massimo le cinque, quando compare immancabilmente il tizio con un bustone di plastica opaca che nasconde una ventina di aragoste piccole e grandi. Di fronte ad un colpo basso del genere vado sempre al tappeto e anche nella trattativa sul prezzo non sono brillante come al mio solito e cedo in genere quando arriviamo sui venticinque *cuc*.

Bueycabòn come tutte le spiagge del mondo è assolutamente da evitare nel fine settimana quando ai turisti stranieri si aggiungono le famiglie cubane, specie nel periodo della chiusura estiva delle scuole. Oggi è giovedì e si sta bene, saremo in tutto una trentina, oltre ai lavoratori vari.

Alle nostre spalle una comitiva di giovani aitanti e belle ragazze, tutti dalla pelle nera, ben vestiti e con collane e bracciali vistosi in oro giallo, un grosso stereo e musica a palla. Non sono cubani ma neanche i classici turisti europei o canadesi, devono provenire da qualche vicina isola caraibica, certamente più sviluppata e con un tenore di vita più alto. Davanti a noi ma un po' più a destra un italiano sui sessantacinque anni ben portati, che sento chiamare Michele, con al seguito un'intera famiglia cubana, una decina di persone di almeno quattro generazioni tra cui spicca una ragazza poco più che ventenne, una pantera dalla pelle nera dal corpo slanciato, vestito a rete, cappello a falda larga e un simpatico pincher toy che fa capolino dalla borsetta di Gucci. Il quadro è chiaro, Noemi Campbell è la gallina dalle uova d'oro, Michele il suo pigmalione, volontario e consapevole. Il resto è tutto il *familiòn* della pantera al gran completo costituto da fratelli e sorelle più piccole e più grandi, madre, zii e una nonna che avrà avuto l'età del nostro Michele. Al capo ordinano di tutto e di più, da mangiare e da bere, *cerveza* a non finire e finanche una coscia di pollo al forno per il cane.

In acqua due ragazze si lasciano andare a qualche timida effusione. Non ho alcun pregiudizio a riguardo, siamo pur sempre nel ventunesimo secolo, ma mi accorgo che un'occhiata ogni tanto la lancio. Fanno il bagno vestite, sono giovani, entrambe un po' sovrappeso. Una delle due è femminile in tutto e per tutto, l'altra ha i capelli rasati su un lato e un po' più lunghi sull'altro, bermuda di jeans e canottiera da basket extra large per nascondere il seno.

Alle cinque ritorna a prenderci l'autista, raccogliamo le nostre cose e ci incamminiamo verso la macchina guadando un fiume in secca che non ha la forza di giungere al mare e termina a pochi metri in uno stagno verdognolo dove un paio di cani molestano un maiale pezzato che si stava abbeverando.

Un signore anziano continua a fare su e giù con una guantiera all'altezza del collo dove sotto un foglio di pellicola ha fette di ananas che vende a un *peso*. Prima di montare in macchina liberiamo accuratamente i piedi e i sandali dalla sabbia e stendiamo un telo mare sui sedili. Le auto saranno pure dei catorci ma alla pulizia ci tengono, dentro e fuori. L'autista si allunga per aprirci e chiudere le portiere, non tanto per gentilezza quanto perché è l'unico depositario della tecnica necessaria per far funzionare ingranaggi vecchi una quarantina di anni, riparati più volte e con mezzi di fortuna. Al *punto de contròl* non ci fermano, meglio così, nel bagagliaio abbiamo la busta con le aragoste e pare che sia vietato comprarle, non ne sono sicuro ma come sempre è meglio non essere costretti ad approfondire.

A Bueycabòn ci siamo ritornati una settimana dopo con tutto il *familiòn*, giovani e anziani nessuno escluso eravamo forse ventiquattro. Un paio di persone neanche le conoscevo, una era la madre della compagna di mio nipote, un'altra donna tuttora non so chi fosse, forse una sua amica.

Per trasportare tutti abbiamo fittato una *camioneta*, una sorta di scuolabus con le panche ai lati ed il corridoio centrale ed una piccola porta laterale posteriore. Una trentina di *cuc* per portarci e venirci a prendere nel pomeriggio, incluso un paio di deviazioni sul percorso per accompagnare Davìd e Sania al *districto,* ventiquattro passeggeri e tutte le

borse personali e quelle con il pranzo che abbiamo portato da casa incluso le immancabili due o tre casse di birra e il blocco di ghiaccio. Non mancavano il *congrìs*, l'insalata e le *mariquitas* mentre le proteine erano affidate ad una *pierna de cerdo asada*, una coscia di maiale che Alejandro aveva cotto la sera prima nel forno elettrico della pizzeria. Una telefonata alle dieci e mezza della sera ci aveva preannunciato una sorpresa tanto imprevedibile quanto sgradita: la carne *olìa a pescado*. Per una strana e oscura forma di contaminazione la coscia di maiale odorava di pesce. Forse l'animale in vita era stato allevato con mangimi destinati all'itticoltura o forse dopo la macellazione era stato in qualche cella frigorifera a contatto con il pesce, fatto sta che era effettivamente immangiabile e saltai il giro optando per una doppia razione di riso e fagioli. Lo stesso fece Maria Chiara, è difficile ingannare i bambini specie con qualcosa che puzza di pesce. Fummo gli unici a salvarsi dalla nausea e dai disturbi intestinali che colpirono più o meno tutti gli altri al ritorno a casa falcidiati come le mosche.
Mi tornò alla mente un aneddoto che mi aveva raccontato più di una volta Frank quando parlava dei suoi anni vissuti sull'isola. Ormai cittadino italiano da un paio di anni, Frank vive da una quindicina d'anni a Salerno dove si guadagna da vivere con il suo mestiere di chef. Lo incontrai per la prima volta una sera alla Conchiglia, un lido sul lungomare di Salerno che il giovedì sera si trasformava in un locale sudamericano frequentato dai latini dell'intera

provincia e dagli italiani che dell'America Latina inseguivano la musica, i balli o le belle donne. Ci andai con Damaris e Yelena, e tutti i compagni della scuola di ballo del Cuba Libre capitanati dal nostro maestro William. Frank comparve sul tardi con la compagna Erika, di lingua e passaporto ungherese, ma di fatto appartenente ad una enclave magiara in Romania e la loro bambina Juanita, una mulattina di pochi anni con pochi capelli. Non avrei mai immaginato che pochi anni dopo Erika avrebbe fatto da madrina al battesimo di mia figlia. Oggi è ritornata in Romania dove ha aperto un negozio di piante e fiori e vive con Juanita che è diventata una bellissima ricciolona alta e dinoccolata.

Frank invece è rimasto in Italia ed è la mia fonte inesauribile di aneddoti sulla vera vita cubana che altrimenti non troverei scritti da nessuna parte.

Partito dal *Nuevo Vista Alegre* di Santiago dove durante il *periodo especiàl* sparivano anche i gatti per strada, passò per la scuola alberghiera fino ad approdare alle ambasciate straniere de L'Avana dove poteva finalmente avere a disposizione tutte le migliori materie prime stando a contatto con grandi chef stranieri ai quali rubare i trucchi del mestiere. Perfezionando sempre più la conoscenza della cucina europea non ha avuto difficoltà a trovare lavoro da noi passando da un ristorante all'altro anche con discreti guadagni. Peccato che tutto ciò che riusciva a mettere da parte continuava a mandare a Cuba per finanziare improbabili iniziative produttive o commerciali, un ristorante a L'Avana, un'azienda agricola a Santiago, un allevamento di maiali. Non che le idee fossero sbagliate, il problema degli investimenti sull'isola è che dovresti stare perennemente lì a controllarli e a portarli avanti per evitare che dipendenti, soci o familiari commettano dei pasticci o peggio ancora ti imbroglino.

Le conversazioni più interessanti tra di noi sono state sempre precedute da *cubalibre* in abbondanza per cui tutto quello che ho appreso è da prendere con il beneficio dell'inventario, in ogni caso sembra che una volta per arginare la cronica mancanza di generi alimentari Fidel avesse deciso di puntare sull'itticoltura intensiva. Sorsero impianti in ogni dove, nei mari, nei fiumi, in ogni specchio d'acqua ma i risultati furono scadenti, qualcosa nel processo produttivo non aveva funzionato. Fallito e definitivamente archiviato il progetto restarono ingenti derrate di mangime per pesci che furono destinate all'allevamento zootecnico. Da allora e per un anno interno qualsiasi tipo di carne odorava di pesce, polli, maiali, pecore, conigli e tutto ciò che veniva allevato nelle fattorie statali e private.

Quando invece decise di puntare sulla carne vaccina fu acquistato il migliore esemplare di toro da monta esistente sull'intero globo terrestre. Fallì anche lui e ancora oggi resta il problema della mancanza di carne bovina e le poche scheletriche vacche che di tanto in tanto vedo nel campo sono destinate solo alla produzione del latte. A quanto ho capito il problema dovrebbe risiedere nel clima, nella mancanza di un pascolo adeguato e di acqua sufficiente ma non ne sono neanche tanto convinto. Penso piuttosto che sia dovuto ad una mancanza di know-how sui moderni processi della produzione animale. Che sia un problema di modernizzazione e adeguamento delle tecnologie produttive lo testimonia il fatto che anche la produzione di beni come lo zucchero e il caffè è in forte calo e da generi da esportazioni che erano oggi non soddisfano neanche la domanda interna al Paese. Deve essere un problema dell'America Latina o per lo meno di quei Paesi in cui si è deciso di sostituire con aziende statali le grandi compagnie straniere con il risultato che a Cuba manca lo zucchero, in Argentina la carne ed in Venezuela il petrolio.

L'autista con la *camioneta* non restò in spiaggia con noi, rientrato in città per fare qualche altra corsa sarebbe poi ritornato a prenderci alle quattro del pomeriggio.

Almeno questo avevamo stabilito, poi presi dall'euforia per la piacevole giornata che trascorreva troppo in fretta lo chiamammo per posticipare il rientro di un'ora. Non lo avessimo mai fatto, nel giro di pochi minuti tutte le nuvole che sembravano lontane si addensarono sulla nostra spiaggia e cominciò a piovere in maniera sempre più copiosa.

Altro giro di telefonate all'autista stavolta per anticiparne la venuta mentre raccoglievamo in fretta e furia tutte le nostre cose andandoci a riparare sotto un grande ombrellone in legno e foglie di palma chiaramente incapace di dare riparo a tutti per cui anziani e bambini si disposero al centro, noi altri in file concentriche fino a quelli più esterni che avevano praticamente le spalle esposte alla pioggia.

La *camioneta* per fortuna arrivò in pochi minuti e ci disponemmo tutti sui sedili come tanti scolari, l'unico problema fu comunicare con l'autista durante il viaggio dal momento che la cabina era separata dal vano passeggeri. Con qualche fischio e un paio di manate sul vetro riuscimmo a fargli capire di fare qualche fermata intermedia ed una deviazione al *districto* per lasciare un po' tutti nelle vicinanze delle proprie case.

8 ZOOLOGICO

In vacanza il tempo vola, i giorni si susseguono uno dietro l'altro, qualcuno al mare, qualcuno in piscina, un compleanno da festeggiare non manca mai quando hai una famiglia di una trentina di persone. Nei giorni intermedi non mi faccio mancare la corsetta mattutina o la passeggiata fino in centro a comprare qualcosa osservando l'architettura ma soprattutto la gente comune, la vera protagonista delle mie riflessioni a Cuba.

Avendo bambini piccoli in famiglia non può mancare una volta l'anno la giornata allo *Zoologico* e all'attiguo *Parque de Diversiòn*, nella zona settentrionale della città. Portiamo con noi il piccolo Abram, tenuto a battesimo da Gennaro e la mamma Natalie. Quando rimase incinta Natalie non aveva neanche quindici anni e così la madre Irina divenne nonna a poco più di trenta anni e la nonna Carmen divenne bisnonna a poco più di cinquanta anni. Io avevo già superato i quaranta ed ero ancora alla ricerca della paternità, giusto per fare un impietoso raffronto. Natalie, Irina, Carmen tutte impegnate a tirare avanti senza un marito, un compagno o almeno il padre dei loro figli. Anche il padre di Abram si è visto poco, anzi mai, un ragazzino di un paio di anni più grande di Natalie, troppo giovane e immaturo per assumersi le sue responsabilità genitoriali. Non c'era neanche al battesimo del figlio, quello nel quale tra me e Gennaro tenemmo a battesimo quattro persone. C'erano invece i suoi genitori che in qualche modo almeno al principio non vennero meno alle loro responsabilità di nonni, ora non so.

La notizia della gravidanza giunse prima da noi in Italia che a casa di Roberto a *Vista Alegre*. Nessuno aveva il coraggio di dirgli che la bisnipote quindicenne era in attesa, che lo avrebbe reso trisnonno e soprattutto che il padre del nascituro non ne voleva sapere. Quando lo seppe non fu così tragico come si temeva, i bambini qui sono sempre una benedizione, in un modo o nell'altro verranno tirati su.

Quando vivevamo a *Vista Alegre* eravamo in linea d'aria a meno di un chilometro dallo zoo e a volte nel silenzio della notte si sentiva chiaramente il ruggito dei leoni. Ci andavamo a piedi spingendo il passeggino sui marciapiedi sollevati dalle radici degli alberi, era una bella camminata ma tutto sommato fattibile. Ora da *Sueño* è più lontano così ci diamo appuntamento alla pizzeria di Alejandro dove ci aspettano Natalie e Abram e da lì prendiamo la *guagua*, il 111 alla stratosferica cifra di venti centesimi di *moneda nacionàl*, è talmente poco che non riesco a convertirlo, saranno uno o due centesimi di euro.

Guagua è un altro di quei termini spagnoli che sentirete solo qui e stranamente anche nelle Isole Canarie, vuol dire autobus ma se lo usate in qualsiasi altro Paese di lingua spagnola non vi capirà nessuno. Sulla sua origine vi sono varie teorie, quella che credo più attendibile la vuole come adattamento onomatopeico del marchio della società statunitense che per prima esportò autobus a Cuba, la Wa & Wa Co. Inc., Washington e Walton Company Incorporated, la cui livrea, con i colori della bandiera nordamericana, faceva bella mostra di sé sulle fiancate dei bus. Ecco che dalla pronuncia *ua end ua* si è passati ad una più afrocubana e morbida *guagua*.

All'andata la corsa nasce proprio da lì, davanti all'ospedale oncologico, dobbiamo solo aspettare che parta ma abbiamo il vantaggio di trovarlo vuoto e viaggiare seduti. Al ritorno è tutta un'altra storia, all'uscita dallo zoo siamo in tanti ad aspettarlo e l'autobus arriva dalla periferia già pieno. Salire è una impresa e nella ressa che si forma bisogna assicurarsi di esserci riusciti tutti, piccoli e grandi. Alla chiusura delle porte siamo tutti in piedi stipati, una anziana signora seduta di fronte a me prende in braccio Maria Chiara e la fa sedere sulle sue gambe con un gesto tanto affettuoso quanto spontaneo.
L'ingresso allo zoo costa sessanta centesimi di *moneda nacionàl* per gli adulti, quaranta per i bambini,

praticamente nulla, prezzi popolari imposti dallo Stato nelle strutture gestite direttamente, praticamente tutte, e rivolte alla popolazione locale. Dall'ingresso lo zoo degrada verso il basso, sulla destra le prime gabbie sono quelle delle scimmie, dalle più piccole fino agli orango tango, compreso uno scimpanzè dispettoso che si riempie la bocca d'acqua per poi spruzzarla verso di noi. Lo fa più volte costringendoci a cambiare strada, pare che non abbia visto di buon occhio il passeggino. Un laghetto affollato di uccelli *flamingo*, più avanti gli alligatori, le zebre, compreso qualche incrocio venuto male, metà zebra metà non so che, anche un orso certamente non proprio a suo agio con il clima. L'attrazione maggiore è la gabbia dei leoni situata in basso rispetto al nostro cammino e separata da un ampio fossato. Due inservienti dalla pelle nera con stivali di gomma e camice da macellaio spingono carriole con quelle che sarà il pasto delle povere belve, zoccoli e tibie di cavallo o vacca, in lontananza non riesco a distinguere, che vengono gettati dall'alto al di sopra delle inferriate. Al primo lancio i leoni si avvicinano uscendo dall'ombra delle gabbie pregustando chissà quale banchetto, ai lanci successivi non si scompongono più delusi dalla mancanza di carne, tra i commenti disincantati degli spettatori che avanzano ipotesi suggestive sulla destinazione presa dalle parti più sostanziose dell'animale sacrificato.
L'impressione generale è che gli animali non se la passino poi tanto bene ma non potrebbe essere

diversamente in un paese in cui anche le persone faticano a mettere insieme il pranzo con la cena. Lo *Zoologico* e il *Parque de Diversiòn* sono comunicanti, dove finisce uno inizia l'altro, sempre proseguendo verso il basso della collina ci addentriamo tra la ruota panoramica e giostre degli anni Novanta che dimostrano in pieno tutti gli anni che hanno.

È l'ora del pranzo, il ristorante è una grande tettoia circolare aperta sul perimetro tranne che per una parete che dà accesso alla cucina. I piatti tardano ad arrivare e l'attesa è snervante, capita spesso anche quando i locali sono semivuoti e servirà l'intervento di una delle cameriere, collegata non so bene in che modo a qualcuno della famiglia, per velocizzare un po' le cose, la ringrazieremo con un po' di mancia.

Per guadagnare l'uscita ripercorriamo la strada al contrario scalando la collinetta dello zoo. In un chiosco ristorante laterale al cammino ma su un terrazzamento più in alto le cameriere hanno finito il turno di lavoro e dormono sedute con la testa poggiata sul tavolo come i bambini in una scuola a tempo pieno. Ad un altro chioschetto vendono caffè, mi fermo a prendere uno. È una delle poche cose che qui ancora si produce. In casa Reina lo compra da un tizio che si presenta un paio di volte al mese con uno zainetto all'interno del quale custodisce un paio di buste di plastica con caffè macinato che vende sfuso. L'unità di misura è una latta, non ho idea di quanto venga a peso, lo pago con un paio di banconote di *moneda nacionàl* che sfilo dal malloppo che porto nella tasca anteriore sinistra del pantalone. Con la doppia moneta bisogna organizzarsi, tasca sinistra *moneda nacionàl* per le cose di uso comune, tasca destra *peso convertible* per le cose più costose. Tasche anteriori si intende, mai posteriori, e mai tirare fuori tutto il malloppo, sfilare solo le banconote necessarie. Piccole precauzioni valide in qualsiasi parte del mondo, anche in Italia, ma all'estero ed in America Latina ancora di più.

La ragazza del chiosco mi versa il caffè da un thermos ma è bollente come se fosse appena uscito dalla caffettiera per cui devo aspettare che si raffreddi un po' mentre il cliente al mio fianco non se ne rende conto e lo manda giù tutto d'un colpo. Lo guardo, resta immobile per qualche secondo con il fumo che gli esce dalle orecchie, nell'andarsene si rivolge alla ragazza: *"Mi amor me quemaste l'alma"*.

Il 111 ci lascia di nuovo verso casa di Alejandro, Natalie e Abram si fermano in pizzeria a salutare Irina al lavoro, noi facciamo una visitina, beviamo qualcosa di fresco e proseguiamo a piedi verso casa.

A *Sueño* la buona notizia che Vivian è stata dimessa dall'ospedale in cui era stata ricoverata d'urgenza qualche giorno prima per forti dolori dovuti a coliche renali, o almeno così mi è sembrato di capire. Vivian è la nostra vicina di casa, sono abituato a vederla a fette, tra le lamelle orientabili della finestra della sua cucina che dà sul nostro patio e attraverso le quali Reina le allunga una tazzina quando facciamo il caffè. Oppure la vedo dal basso verso l'alto, sempre dal patio, quando sale sulla *placa* a stendere il bucato.

Da lì parlo anche con il marito Sergio impegnato a controllare il livello del *tanque*. Sergio è un collega ingegnere che dirige la centrale termoelettrica che alimenta l'intera città di Santiago. Alto e magro, di carnagione scura, lo vedo in pantaloni lunghi e camicia a maniche corte rientrare ogni sera verso le diciotto trasportato da un motociclista. Dopo una mezz'oretta lo vedo ridiscendere in strada con pantaloncini da calcio, canottiera e ciabatte. Si siede per terra su un marciapiede all'ombra di un albero dove un amico lo attende per dare inizio ad interminabili partite a scacchi.

Un giorno ebbi bisogno di lui per sostituire gli interruttori delle luci nella sala che da qualche giorno sfarfallavano. La prima metà dell'opera consisteva nel reperire degli interruttori nuovi ma in questo fui fortunato perché me li diede Alejandro al quale erano avanzati dopo l'ampliamento della pizzeria. La seconda metà dell'opera era trovare qualcuno capace di sostituirli senza restare o farci restare fulminati, chi meglio di un ingegnere direttore di una centrale elettrica. Si presentò con un paio di cacciavite ed un tester con i quali operò con grande perizia sull'impianto, naturalmente in tensione. Finito il lavoro se ne andò senza accettare nulla nonostante le nostre insistenze così gli infilammo una banconota tra le lamelle orientabili della solita finestra della cucina, quella del caffè, al prossimo viaggio gli porterò dall'Italia un cercafase e una spellafili.

Sergio e Vivian confinano con noi per tutta la lunghezza della casa, anche loro al primo piano al quale accedono da una piccola scala a chiocciola in ferro realizzata nel *portàl* dell'abitazione al piano terra.

A *Sueño* gli isolati sono perfettamente quadrati, da cui il nome *cuadra*, delimitati da quattro strade che si intersecano ortogonalmente, quelle orizzontali indicate da lettere, quelle verticali da numeri. Le case ad angolo sono generalmente le più grandi, quelle centrali hanno invece un fronte strada di pochi metri per poi svilupparsi in lunghezza verso l'interno dell'isolato anche per una ventina metri terminando con un patio scoperto. Lunghe e strette come sono, queste abitazioni si compongono di un dedalo di stanze una dietro l'altra con finestre che si aprono sul fronte e sul retro, o sul patio centrale. Strette le une alle altre come tessere del domino l'unica possibilità di ampliamento è la sopraelevazione di un intero piano o solo di un paio di stanze a seconda della necessità e soprattutto della possibilità.

Nel loro piccolo appartamento Sergio e Vivian vivono con la figlia Amanda, una graziosa adolescente ormai sedicenne, alta e magra come il padre, con due occhi grandi e lunghi capelli neri e lisci. Con entrambi i genitori al lavoro, nel periodo di chiusura delle scuole resta sola in casa e attende alle faccende domestiche quando non è in strada a giocare.

Oggi è in strada con gli altri bambini del *barrio*, intrattenuti sia al mattino che al pomeriggio da due educatrici inviate dallo Stato. Dalla giovane età e dal portamento immagino che siano insegnanti di educazione fisica inviate dall'Inder, Istituto Nazionale per lo Sport, l'Educazione Fisica e la Ricreazione nell'ambito di qualche progetto destinato ai ragazzi nel periodo estivo di chiusura delle scuole.

Arrivano ogni mattina intorno alle dieci ed iniziano ad allestire per strada una sorta di ludoteca ambulante. Dapprima recuperano un grosso sacco di juta che la sera prima hanno lasciato presso l'abitazione di qualche famiglia al pian terreno e dal quale tirano fuori tutti gli attrezzi del mestiere.

Legano una corda lungo il marciapiede tra un albero e l'altro alla quale appendono una serie di cartelli artigianali con il nome del progetto, orari, slogan, l'elenco dei giochi proposti. Poi spargono su qualche scalino tutti i giochi, la dama, gli scacchi, un mazzo di carte, qualche gioco da tavolo. Infine tracciano con il gesso qualche linea sull'asfalto per delimitare il campo ed una sorta di gioco della settimana o della campana. Non mancano il gioco del fazzoletto, a squadre, ed il salto della corda che qui chiamano *soga* da cui il nostro termine dialettale *zoca*.

In questo gioco grandi e piccoli dimostrano un'abilità fuori del comune che i nostri ragazzi si sognano. Le educatrici si dispongono a un cinque o sei metri di distanza ciascuna con un capo della corda e iniziano a farla ruotare in senso circolare.

I bambini entrano ed escono dalla corda da soli o in coppia, da un lato o dall'altro, su un piede o su entrambi con un senso del ritmo innato, qui ce l'hanno nel sangue e lo dimostrano non solo nel ballo.

Con questi giochi tradizionali di una volta intrattengono i bambini per un due tre ore al mattino e al pomeriggio favorendone la socializzazione e lo sviluppo di attività fisiche e cognitive.

Ripenso a Josè Martì che in un numero de *La Edad de Oro*, rivista mensile dedicata ai bambini della quale riuscì a pubblicare solo quattro numeri durante la sua permanenza a New York, notava come fosse curioso che i bambini di oggi giocano allo stesso modo di quelli di ieri, e che popoli di Paesi diversi che non si sono mai incontrati giocano allo stesso modo.

Verso le diciotto le educatrici vanno via e il gruppone di bambini si scioglie in piccoli gruppetti a seconda dell'età sparpagliandosi lungo le strade del *barrio* e cedendo agli adulti la postazione in strada sotto casa nostra, ambita perché situata sul lato della carreggiata dove di solito parcheggiano le auto quindi al riparo dalla circolazione stradale. Un paio di anziani recuperano dal *portàl* di una abitazione al piano terra un tavolino e quattro sgabelli sgangherati in legno che ripongono lì ogni sera alla fine di interminabili partite di *dominò*. Si aggiungono a loro un quarantenne di ritorno dalla giornata lavorativa e una anziana piccolina dalla pelle nera, capelli bianchi arrotolati ai bigodini, occhiali grandi da vista con catenella, che abita al piano terra nella casa di fronte, è lei che custodisce gli sgabelli ed il tavolo da gioco. Il domino è di gran lunga il gioco da tavolo più diffuso, più popolare degli scacchi e delle carte, rispetto ad essi maggiormente transgenerazionale, non c'è cubano che non ne conosca le regole. Dall'alto non riesco a distinguere i numeri sulle tessere ma se anche fossi in strada faticherei a seguire il gioco, i quattro giocatori divisi in due coppie sono troppo abili nel memorizzare le tessere e intuire il gioco dell'avversario bloccandolo e le giocate si susseguono freneticamente più veloci della mia capacità di pensiero. Più difficile ancora capire le battute che si scambiano in uno slang tutto cubano creato apposta per questo tipo di sfide, ci vorrebbe un glossario. Non mancano gli spettatori in piedi, passanti che si fermano a seguire la partita in religioso silenzio, solo al termine della *manche* potranno dire la loro discutendo con qualche giocatore che cerca consensi nel lamentarsi della infelice giocata del compagno. Continuano a giocare per qualche ora ma quando fa buio spostano il tavolino più in là sotto un lampione allontanandosi dal mio campo visivo, ne sento solo le imprecazioni e il rumore delle tessere lanciate con veemenza sul tavolino mentre mi dondolo sul *balance* continuando a prendere appunti disordinati.

9 PARQUE CESPEDES

Nella mia camminata quotidiana oggi mi sono spinto un po' più giù del solito fino ad arrivare al *Parque Cespedes*, il cuore del centro storico di Santiago, che prende il nome da quel Carlos Manuel Cespedes, rivoluzionario che guidò Cuba nella guerra di indipendenza del 1868 e a cui vengono attribuite anche le musiche de *La Bayamesa* divenuto poi inno nazionale, sul monumento al centro del *parque* è rappresentato il suo busto in bassorilievo cinto da due rami di alloro.

Un tempo *Plaza de armas* è in effetti oggi più simile ad una piazza che ad un parco, sia per le dimensioni contenute che per la scarsità di alberi dal momento che i rigogliosi esemplari che assicuravano ombra a tutta la piazza non resistettero alla furia devastatrice dell'uragano Sandy che colpì l'isola nel 2012 provocando gravi danni soprattutto nella zona orientale e a Santiago in particolare avendo toccato terra nella vicina spiaggia di Siboney.

Ai quattro lati della piazza gli edifici simbolo del potere politico, religioso e commerciale ne fanno il fulcro di Santiago, l'ombelico dal quale si diramano ortogonalmente le arterie stradali che portano ai diversi quartieri della città.

A sud la cattedrale di *Nuestra Señora de la Asunciòn* con la sua facciata neoclassica, un tempo color ocra ora in varie sfumature di grigio dopo gli interventi di restauro eseguiti in occasione della visita di Giovanni Paolo II. Due torri sormontate da cupole delimitano il prospetto principale, al centro sul grande timpano la statua dell'Angelo dell'Annunciazione con due grandi ali protese verso il cielo, un libro in una mano, nell'altra col braccio piegato una grande tromba in metallo. La quota di ingresso è sopraelevata rispetto al piano stradale con un camminamento di accesso delimitato da colonnine e ringhiere che si affacciano sulla piazza. Al di sotto tutta una serie di locali seminterrati ricavati sotto al piazzale con vetrine a quota stradale ospitano diverse attività commerciali, una libreria, una rivendita di souvenir, una sede della compagnia telefonica con gente in fila sotto il sole per pagare la bolletta del telefono fisso o per comprare un nuovo cellulare. Anche qui una *sala de navigaciòn* a cui ricorro in ultima analisi in caso di mancanza del servizio nella mia preferita. Lungo la strada una fila di Chevrolet decappottabili in attesa di turisti.

Sul lato a sud–ovest il contrasto tra l'edificio del *Banco de Credito y Comercio* con la sua moderna facciata di acciaio e vetro e la *Casa de Don Diego Velàzquez* considerata il fabbricato più antico dell'intera isola, che si fa risalire al 1516. Ottimamente conservato, è un edificio a due piani in pietra squadrata con corte interna che ospita un museo di storia ricco di arredi e armature. La severa facciata in stile andaluso è caratterizzata al piano primo dai tipici balconi chiusi da graticci moreschi in legno finemente lavorati che permettono di vedere senza essere visti. Nel suo complesso è un classico esempio dello stile *mudejar,* dalle influenze moresche, caratterizzato da esterni sobri e interni ricercati con imponenti decorazioni di stucco e piastrelle, soffitti di legno decorato, finestre con intricate griglie e cortili spaziosi. Uno stile architettonico moresco, popolare nella Spagna del Sud nei secoli dal XII al XVI, fusione di influenze spagnole, cristiane ed arabe.

A nord, in posizione opposta alla cattedrale, *l'Ayuntamiento* o Palazzo del Governo Municipale è un edificio realizzato nel 1950 in perfetto stile coloniale caratterizzato al piano terra da un ampio portico delimitato da colonne che sostengono archi a tutto sesto. Al primo piano tre balconcini coperti con balaustra in legno dipinto di azzurro, da quello centrale Fidel tenne il suo discorso alla folla il due gennaio 1959 al suo ingresso in città dopo gli anni di guerriglia nella *Sierra Maestra.* È il simbolo del potere politico contrapposto in posizione frontale al simbolo del potere religioso, con in mezzo il *Parque Cespedes* a separarli. Qui il trentuno dicembre di ogni anno si tiene la festa della bandiera, viene issato un enorme vessillo di cinquanta metri quadrati preceduto da dodici rintocchi di campana, la tradizione vuole che se la bandiera prende subito a sventolare l'anno sarà favorevole.

A est l'albergo *Casa Granda*, è il più antico della città, edificato nei primi del Novecento dalla compagnia ferroviaria che vi ospitava funzionari e dipendenti che si riposavano dopo lunghi ed estenuanti viaggi. La facciata in stile eclettico all'angolo dell'isolato si sviluppa su cinque piani finemente decorati caratterizzati da ampie finestrature allineate. Al piano rialzato un elegante *cafè* aperto anche ai clienti esterni delimitato sul lato sinistro da arcate che si aprono come balconi sulla piazza sottostante.

È qui che sono al tavolino a bere un caffè e fumare una Hollywood, una meritata pausa prima di intraprendere la scalata verso casa ripercorrendo al contrario la strada fatta. Qui mi fermo sempre a lungo, si respira un'atmosfera internazionale, un crocevia di gente da tutte le parti del mondo, ai tavoli siedono turisti in cerca di una foto ricordo e viaggiatori in cerca di sé stessi.

Sono sempre da solo nelle mie uscite per la città, a nessuno piace camminare a lungo tantomeno sotto il sole dei Caraibi ma in fondo preferisco uscire da solo, essere libero di fermarmi ad osservare dettagli insignificanti di luoghi o persone senza dover dare spiegazioni, tornare indietro su una strada appena fatta per soddisfare una curiosità e passare due o tre volte per il medesimo posto per coglierne aspetti sempre nuovi.

I primi anni uscivo con Gennaro con il quale ho condiviso i primi dieci anni di rapporti con la realtà cubana. Facemmo insieme il primo viaggio sull'isola, eravamo insieme in un locale di Eboli quando conobbi Damaris e sempre insieme conoscemmo Rossana qui a Santiago.

Vivevamo a Vista Alegre in una grande casa coloniale alle spalle del *Palacio de Los Pioneros* un tempo dimora di Don Josè Bosch poi convertita in centro sociale per bambini. Gennaro prendeva una camera in affitto in una *casa particulàr* poco distante da noi e dalla quale in pochi minuti ci raggiungeva a casa per il pranzo e per la cena, a volte anche per la colazione prima di partire insieme alla volta del centro accompagnati da Lolo, all'epoca minorenne, che ci faceva da guida e guardaspalle, eccitato dall'idea di girare per la città con i suoi amici italiani.

Da allora ne è passato di tempo, ora siamo entrambi presi dalla famiglia, dalle bambine, dalle piccole o grandi necessità di casa, a volte nella stessa città a ottomila chilometri da casa ma in due reparti differenti e anche abbastanza distanti. Quest'anno è arrivato dopo di noi e per una sola settimana, ci siamo visti una sola volta ieri mattina per bere qualcosa al *Boulevàrd* di Plaza Dolores, era in giro con un nipote alla ricerca di un congelatore. Anche Lolo mi ha lasciato, ora lavora per la fabbrica del rhum che consegna con un camion in tutta la provincia.

Qualche volta uscivo anche con Roberto, mi offrivo di accompagnarlo a fare acquisti al mercato un po'

per contribuire economicamente alla spesa un po'
per evitare che trasportasse da solo troppo carico, in
questo dovevo anche insistere togliendoli le sporte
dalle mani, nonostante fosse ultrasettantenne
pretendeva di portare lui quelle più pesanti. Fare la
spesa con lui al *mercado agropecuario* era come
frequentare un corso accelerato di vita cubana,
conosceva i venditori e le merci, i prezzi giusti e le
migliori qualità di ogni singolo prodotto. Usciva di
mattina presto, anche più volte nello stesso giorno,
alla ricerca dei migliori prodotti che poi ripartiva tra
casa nostra e casa di Carmen che per lui era sempre
fonte di preoccupazione.

Un giorno uscimmo insieme ma non per fare
compere, mi accompagnò per tutta la città per farmi
conoscere i luoghi della rivoluzione a cui appena
diciottenne aveva partecipato. Iniziammo dalla
Caserma Moncada, un quartiere militare il cui assalto
avvenuto il 26 luglio 1953 è considerato l'inizio della
rivoluzione cubana. L'attacco era guidato da un
giovane Fidel Castro, all'epoca avvocato
venticinquenne, e dal fratello Raul e con loro un
centinaio di rivoluzionari che con una colonna di
auto tentarono di forzare l'ingresso al quartiere
militare all'alba della domenica, approfittando del
fatto che i festeggiamenti carnevaleschi del sabato
precedente si erano protratti fino a notte fonda. Mal
equipaggiati ed in inferiorità numerica i rivoluzionari
ebbero la peggio nello scontro a fuoco in cui molti
furono uccisi mentre quelli fatti prigionieri furono

vittime di una vera e propria esecuzione dopo essere stati sottoposti alle più barbare torture.

Fidel, con il fratello Raul riuscì a fuggire e a ripararsi nei monti della Sierra Maestra dove venne arrestato dopo pochi giorni, sottoposto a processo rifiutò l'avvocato d'ufficio ma si difese da solo con una celebre arringa durata quattro ore dalla quale fu tratto il libro *"La historia me absolverà"*.

Con Roberto visitammo il museo che oggi è situato all'interno della ex caserma addentrandoci nelle sale dove mi indicava nelle bacheche fotografie e giornali dell'epoca con notizie false o censurate, le foto dei cadaveri dei rivoluzionari uccisi in combattimento o vittime di esecuzione dopo indicibili torture, nelle teche le armi dei rivoluzionari e quelle in dotazione ai militari, gli strumenti di tortura.

Dal Moncada proseguimmo verso il centro della città attraversando strade e luoghi che furono teatro di scontri a fuoco negli anni che precedettero il trionfo della rivoluzione e che videro cadere attivisti vittime di esecuzioni politiche come Frank Paìs e Raoul Pujol.

Mi portò fino al *Museo de la lucha clandestina* situato nel quartiere di *El Tivolì* dove si insediarono degli immigrati francesi provenienti dalla vicina Haiti, senza però poterlo visitare perché oggetto di lavori di ristrutturazione.

Mi indicò dall'altro lato della strada una schiera di piccole abitazioni popolari in una delle quali pare abbia vissuto un giovanissimo Fidel inviato da suo padre a Santiago insieme ai due fratelli e al loro insegnante.

Verso l'una con non poca insistenza riuscii a portarlo a pranzo, eravamo in centro e andammo al *1900*, un ristorante gestito da una impresa statale in una lussuosa casa dei primi del Novecento che era stata pure residenza della famiglia Bacardi. L'addetto all'ingresso mi aveva rimbalzato per via dei miei bermuda non in linea con il tenore del locale, guadagnammo l'entrata grazie all'intervento di Roberto che lo convinse con le sue buone maniere. Conosceva tutti, aveva lavorato per quarant'anni in centro nelle più svariate mansioni, l'ultima da tassista anche per quindici ore al giorno per riuscire a crescere, da vedovo, cinque figli e quando non riusciva ad ottenere qualcosa con la persuasione faceva l'ultimo tentativo ricorrendo al tesserino di combattente. La sua partecipazione alla lotta rivoluzionaria veniva premiata con una pensione mensile di una decina di euro ma lo status di combattente era riconosciuto ovunque e gli apriva molte porte. Oltretutto negli anni successivi era stato anche *ideologico* del CDR del suo quartiere, quei Comitati di Difesa della Rivoluzione a cui Fidel ricorse in ogni angolo della Nazione come lotta al terrorismo controrivoluzionario. I CDR erano un sistema di vigilanza collettiva ma alla bisogna si trasformavano in un comitato di quartiere impegnato nella assistenza sociale, nella promozione culturale e nel volontariato in genere.

Nell'atrio di ingresso la scultura di un tale Manolito, che pare abbia vissuto centouno anni, in compagnia del suo cane sembra indirizzare i clienti verso il patio interno dove tavoli e sedie in ferro battuto disposti tutt'intorno a una fontana con giochi d'acqua, statue e piante tropicali costituiscono il bar.

All'interno sale finemente arredate con consolle in legno intagliato e ripiano di marmo, alle pareti ampi specchi in cornici d'epoca, solo un paio i tavoli occupati, c'erano più camerieri che clienti, cosa abbastanza frequente nei ristoranti gestiti direttamente da aziende statali. Presi un piatto a base di aragosta che all'epoca si trovava quasi dappertutto mentre Roberto, che non era amante di crostacei e frutti di mare, ripiegò sulla carne e dovetti insistere perché scegliesse la carne di vitello, il vero lusso per il popolo cubano, che lui aveva escluso perché il più caro. La sua bistecca era tale solo di nome, si trattava in realtà di fettine sottili come un'ostia, quando raccontò la giornata a Reina le disse che erano trasparenti.

Per tornare a casa riuscimmo a prendere una *guagua*, non prima che mi avesse raccomandato più volte di stare attento ai borseggiatori.

Se ne è andato troppo presto e nel giro di pochi mesi dalla comparsa della malattia come mio padre del resto, di cui gli avevo portato le polo e le camicie a maniche corte, mi faceva piacere vedergliele indossare, era un po' come se rivivesse in lui.

Prendo un altro caffè e fumo un'altra Hollywood

qui al tavolo del *Casa Granda* mentre nella piazza sottostante si esibiscono dei musicisti di strada.

I due anziani con la chitarra ed il negro con il contrabbasso indossano il medesimo cappello di paglia di Panama con una striscia di tessuto rossa, a loro devono essersi aggiunti in un secondo momento un giovane alto e magro, cappellino da baseball e violino ed un altro seduto sulla panchina, maglia del Portogallo e occhiali a specchio che si alterna tra la *clave*, le *maracas* e il *cencerro*. Il pezzo è *Hasta siempre*, un classico sulle note del *son* cubano, composto nel 1965 in risposta ad una lettera in cui il *Che* annunciava la sua intenzione di lasciare l'isola e andare a combattere altrove per la rivoluzione.

Aquí se queda la clara
la entrañable transparencia
de tu querida presencia
Comandante Che Guevara

Nel frattempo all'altezza della cattedrale un autobus gran turismo scarica in piazza una trentina di canadesi e nord europei partecipanti ad uno di quei tour organizzati alla scoperta dell'isola che nella capitale vendono ai turisti stanchi di prendere il sole a Varadero e desiderosi di conoscere Cuba. Da L'Avana con un volo interno li trasportano a Santiago e da qui risalgono il Paese verso la capitale con un viaggio in autobus di cinque giorni facendo tappa a Camaguey, Trinidad, Cienfuegos e Santa Clara. Un tour de force tra i luoghi simbolo della rivoluzione con pranzi tipici nei *paladares* del centro città e pernottamenti in alberghi cinque stelle, le immancabili visite alle fabbriche del rhum e dei sigari, la foto con una folcloristica vecchia col sigaro in bocca o con la Chevrolet del 1956, di sera una cena spettacolo al *Tropicana* o una lezione di salsa a *La Casa de la Trova*.

Come tanti principi Siddharta in visita alla città non troveranno nulla sul loro percorso che possa angosciarli o turbarli, vedranno solo gente giovane e allegra non operai intenti a lavori faticosi o anziani in coda per una dozzina di uova, nessuna sofferenza e nessuna miseria.

I musicisti mi distraggono per un po', poi ritorno ai miei pensieri e la mente vola tra Polla e Santiago, tra i ricordi del passato, le incombenze del presente e le aspettative del futuro.

Sto bene qui nel mio pensatoio, se un giorno doveste venire a Santiago a cercarmi e non sapete da dove iniziare passate di qui prima di pranzo e forse mi troverete ad un tavolo del *Casa Granda*.

RINGRAZIAMENTI

Scrivere i ringraziamenti finali è la parte più complicata forse anche inutile ma io li leggo sempre perché danno una dimensione più intima dell'autore rispetto alle note biografiche.

Il ringraziamento va alle persone citate nel libro che sono state lo spunto delle storie o delle riflessioni ed a tutti coloro che nella vita mi hanno condotto fin qui.

Pubblicare un libro negli stessi giorni in cui mia figlia in prima elementare impara a leggere le prime parole è come un passaggio di testimone, un cerchio che si chiude nel percorso della vita.

In un momento delicato di crisi economica come quello attuale mi sento fortunato per aver potuto scegliere una professione che mi consente di vivere dignitosamente, una professione tecnica scelta al principio dei miei studi universitari dopo il percorso umanistico svolto al liceo classico, scelta dettata più dal raziocinio che dalla passione.

In fondo anche allora fu una sfida iscrivermi ad ingegneria, così come oggi è stata una sfida lasciare per un po' i numeri per dedicarmi alle parole.

Scrivere questo libro è stato come tornare indietro nel tempo per riparare ad un torto, ha avuto per me una funzione catartica come un processo di purificazione e liberazione per andare oltre me stesso e la mia zona di sicurezza.

Non è mai troppo tardi per seguire una passione o un sogno e come nella corsa *"il miracolo non è essere giunto al traguardo ma aver avuto il coraggio di partire"*.